くずし字辞典を引いて古文書を読もう

油井宏子

東京堂出版

はじめに

くずし字を読めるようになりたい、古文書に何と書いてあるのか理解したい……。そう思った方が、まず手に取るのは「くずし字辞典」でしょう。

しかし、「くずし字辞典」には、似たようなくずし字が山のように並んでいます。目の前の〝読めないくずし字〟は、辞典のどのページのどの箇所に載っているのでしょう。どこをどう探したら、見つけ出すことができるのでしょうか。繰っても繰ってもその字に行き当たらず、途方にくれている方が多いのではないでしょうか。

無理もありません。「くずし字辞典」を引けることと、くずし字を読めることとは、表裏一体です。〝辞典を引けるようになってきている〟ということは、すなわち〝くずし字が、字として見えて読めるようになってきている〟ということなのです。その域にまだ達していない、どこをどう見たらよいかわからない初心者にとっては、とても厳しいことになります。

くずし字が読めないから辞典を引きたい、それなのに初心者には辞典を使いこなすのは難しい、この根源的な矛盾を、どう解決したらいいでしょうか。

安心してください。「くずし字辞典」には、引きかたがあります。その方法を、本書で体得してください。

そうすることによって、今お話したように、少しずつくずし字が読めるようになり、さらに辞典の引きかたがうまくなる、という好循環が生まれてきます。

くずし字は、読める人から教わるのが一番手っ取り早いし確実でしょう。先生が近くで教えくださる、一緒に学ぶ仲間がいる、という時は心強いですね。

しかし、まわりにそういう人がいない場合も多いでしょう。

また、たとえ、教えてくれる人や共に学ぶ友がいたとしても、自分で辞典を引いて調べる、確認するという作業は大切です。そうしながら、頭の中に、くずし字の引き出しがたくさんできていきます。それが、古文書を読む上での、あなたの大切な財産になります。

本書が、古文書を学びたい、くずし字を読みたい、そのために「くずし字辞典」を引けるようになりたい、というすべての方々にとって、その手助けになりますようにと心から願っています。

二〇一九年三月

油井　宏子

【第四章】付録の部分こそ宝物

【第一章】「くずし字辞典」には大きく二種類ある

第一節

いろいろな「くずし字辞典」

「くずし字辞典」といっても、いろいろあります。

『くずし字用例辞典 普及版』『くずし字解読辞典 普及版』（いずれも東京堂出版）。『新編・古文書解読字典』『増訂・近世古文書解読字典』『入門古文書小字典』（いずれも柏書房）。比較的、手に入れやすいものを挙げましたが、他の辞典を使っている方もいらっしゃるでしょう。「辞典」「字典」、「用例」「解読」などの書名を前に、どれを使ったらよいかわからず、迷ってしまって、買うのをやめてしまったかもしれません。

どの「くずし字辞典」にも、それぞれ特色があります。学習者のことを考えて、載せる内容も順序も範囲にも、様々な工夫がされています。

〝自分に合った物を選ぶ〟〝自分が使いやすいと思う辞典を使う〟が大原則ですが、そのためにも〝くずし字辞典を知る〟〝くずし字辞典を理解する〟ことが、是非とも必要です。書店の棚の前で、できるだけいろいろな種類の「くずし字辞典」を見比べる、ということをしてみてください。きっと違いが見えてきて、自分の好みもわかってきます。

あるいは、「先生に推薦されたこの辞典で学んだ」という方も多いかもしれません。

私の場合は、古文書に初めて出会った大学二年生の時に、林玲子先生が推薦してくださった『くずし字解読辞典 普及版』（以下『くずし字解読辞典』と表記）で育ちました。この辞典は、現在は東京堂出版が発行していますが、当時の発行元は近藤出版社でした。

もちろん、くずし字については、ゼミで先生から直接教えていただいたり、各地での史料調査や史料整理で先生方や先輩たちから学んだりなどの実践を積みながら、読めるようになっていった側面が大きいです。

一方、自分でも、徹底的にこの『くずし字解読辞典』を引きました。読めない字はもちろん、読めた字も確認のために必ず引きました。

この辞典は、「起筆順」の辞典です。そのくずし字をじっと見て、どこから書きはじめているかを見極めます。一画目がどのようにはじまっているかによって五つのパターンに分かれ、二画目への展開によってさらに細分化されています。この辞典を、それこそ引いて引いて引いて……、すぐにバラバラになりました。修復しながら使い、あまりにもぼろぼろになってしまったので、二代目を買いました。なつかしく、思い入れのある辞典です。

それと同時に、自分で辞典を作りはじめました。〝マイ字典〟です。辞典を作るといっても、厚めのノート一冊です。そのノートに「ア・カ・サ・タ・ナ……」と、適当な間隔で、インデックスを打っていきました。そこに〝読めた字〟を書き込んでいくのです。

たとえば、「可（カ・べし）」のくずし字は古文書の中にたくさん出てきます。最初に読めた時に、「マイ字典」の「カ」のところに「可」の項目を作って、その〝読めた〟「可」のくずし字を、なるべく真似して書き込みます。次に出てきた「可」のくずしが、さっきと違って見えたら、また書き込みます。こうしていると、あっという間に「可」のくずし字の採集は、十や二十になっていきます。他の字もそうです（《おすすめ その1》50ページ）。

「マイ字典」については、『古文書はじめの一歩』や『古文書はこんなに面白い』（いずれも柏書房）に詳しく書きましたので、読んでみてください。これは、非常に力がつく方法だと思います。

『くずし字解読辞典』は、起筆順の辞典です。ですから、いろいろなくずしがある「可」は、起筆が縦点のグループ・斜め棒のグループ・横棒のグループの三つのケースに当てはまり、合計六か所のページにそのくずしが載っています。「可」をひらがなの「か」と読ませる場合を入れると、さらにたくさんのページに「可」が挙げられています。

「マイ字典」は、それを「カ（可）」の一か所に集めたものです。今思ってみれば、私は、起筆順の辞典をもとに楽しく必死に学びながら、自分で工夫して〝音訓順の辞典〟を作っていたのだ、とわかります。

そうです。辞典には、いろいろな編纂の仕方があります。くずし字をどのような順に載せてまとめているかが異なるのです。また、くずし字だけでなく、便覧的なものを入れたり、古文書自体を載せた辞典もあります。それらを知った上で、上手に使うのが肝要です。

東京堂出版『くずし字用例辞典』『くずし字解読辞典』、柏書房『古文書小字典』『新編・古文書解読字典』『増訂・近世古文書解読字典』

本書では、くずし字をどのように配列したかについて、その代表的な編纂の仕方である「部首別画数順」と「起筆順」の辞典について、その特色と利用法を解説していきます。

その際、「部首別画数順」については主に『くずし字用例辞典 普及版』新装28版（以下、『くずし字用例辞典』と表記）と『入門古文書小字典』第6刷（以下、『古文書小字典』と表記）、「起筆順」については『くずし字解読辞典 普及版』新装24版を例にとって話を進めていきます。

第二節

「部首別画数順」で引く『くずし字用例辞典』と『古文書小字典』の構成

『くずし字用例辞典』（東京堂出版）
『古文書小字典』（柏書房）

「部首別画数順」というのは、どういうことでしょうか。

〝一般の漢和辞典と同じ配列〟というのが、一番わかりやすい説明でしょう。

しかし、以前に比べて漢和辞典があまり使われなくなった現在、「漢和辞典って、どんな順番に載っていたっけ……」と思われる方も、少なくないかもしれません。

百聞は一見にしかず。『くずし字用例辞典』の「漢字部首索引」を載せてみます（14・15ページ）。

それを見ながら、確認していきましょう。

- 部首ごとに、漢字がまとまって載っている。
- その**部首**は、**画数順**に載っている。
- スタートは、部首が一画の「一部」に属する漢字から。「丨部」「丶部」……と続く。
- 「いとへん」はどこにあるかというと、六画「糸部」のところにある。
- 「もんがまえ」の字は、八画の「門部」なので、きっとそこに「門」「閉」「開」「閏」「間」「関」などのくずし字が載っているのだろうな、と想像できる。

これで、構成はわかりました。まさに、漢和辞典のくずし字版ですね。

では、それぞれの部首内の配列はどうなっているのでしょうか。これも、**画数順**です。

たとえば、「糸部（いとへん）」の最初のページを挙げてみましょう（16・17ページ）。初めの字は「糸」です。たくさんのくずし字や用例が並んでいます。

「糸」の次は、「糺」「系」「糾」「紀」……と、「いとへん」の中で画数が少ない順です。ページ欄外右上に0－3、左上に3、とあるのが部首内の画数（その漢字の「糸」以外の画数）です。この辞典の「糸部（いとへん）」の最後は21の「纜」で終わっています。

漢字部首索引

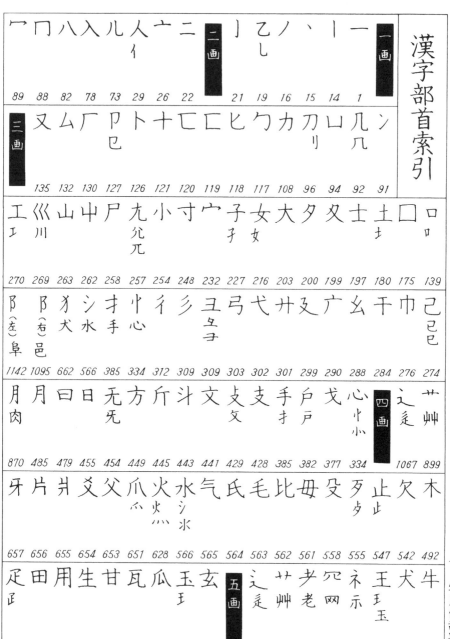

竹 ⺮ 789	六画	衤 衣 964	立 立 786	穴 穴 781	禾 禾 768	禸 768	示 示 礻 755	石 石 744	矢 742	矛 矛 741	罒 网 846	目 目 728	皿 724	皮 724	白 719	癶 717	疒 709
舛 893	舌 892	臼 889	至 887	自 885	臣 884	肉 月 月 870	聿 869	耳 耳 864	耒 耒 耒 863	而 862	老 耂 858	羽 羽 855	羊 ⺶ 羊 851	网 罒 罓 㓁 846	缶 845	糸 糸 糸 814	米 米 807
豸 1024	豕 豕 1023	豆 1021	谷 1020	言 言 988	角 986	見 979	七画	襾 西 976	衣 衤 964	行 960	血 958	虫 虫 947	虍 944	艸 艹 艹 899	色 898	艮 897	舟 舟 894
門 1134	長 長 1132	金 金 1113	八画	麦 麥 1225	里 里 1109	釆 釆 1108	酉 酉 1103	邑 阝(右) 1095	辵 辶 辶 辶 1067	辰 1066	辛 辛 1064	車 車 1056	身 1054	足 ⻊ 1047	走 走 1043	赤 1041	貝 貝 貝 1026
香 1195	首 1194	食 飠 1189	飛 1188	風 1186	頁 1176	音 1175	韭 1175	韋 1174	革 1172	面 1171	九画	非 1170	青 青 1168	雨 ⻗ 1163	隹 1155	隶 1155	阜 阝(左) 1142
黄 1227	十二画	麻 麻 麻 1226	麥 1225	鹿 1224	鹵 1223	鳥 1216	魚 魚 1211	十一画	鬼 1209	鬲 1209	鬯 1208	鬥 1208	髟 1206	高 1204	骨 骨 1203	馬 馬 1196	十画
龠 1236	龜 1236	十七画	龍 1235	十六画	齒 1234	十五画	齊 1233	鼻 1233	十四画	鼠 1233	鼓 1231	鼎 1231	黽 1231	十三画	黹 1230	黑 黒 1228	黍 1228

「漢字部首索引」(『くずし字用例辞典』)

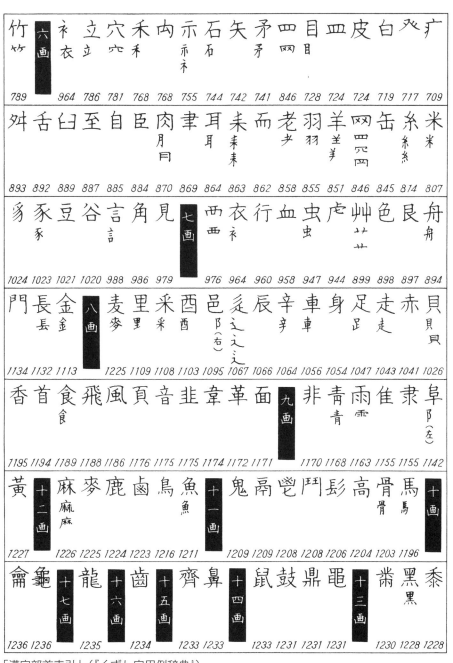

0−3 糸

糸 部

糸(糸)いとへん

いとへん(糸)は明朝体活字では糸でそのようにも書くが、筆記体の慣例にしたがってすべて糸とした。

3943 糸 ベキ シ いと

絲。

〔用例〕 1 糸之割《いとのわり》 2 糸立《いとたて》 3 糸割符《いとわっぷ》 4 糸のね(値) 5 糸毛《いとげ》車《ぐるま》 6 糸竹遊《いとたけあそび》 7 糸取女《いととりおんな》 8 糸巻《いとまき》 9 糸車 10 糸《いと》和布《わかめ》 11 糸 競《いとくらべ》 12 糸錦《いとにしき》

〔用語〕(「絲」を併せ参照) 糸入紬《いといりつむぎ》 糸入縞《いといりじま》 糸弓《いとゆみ》 糸引《いとひき》 糸心蠟燭《いとしんろうそく》 糸切團(団)子《いときりだんご》 糸《いと》 打《うち》糸目 糸印《いといん》 糸威《いとおどし》 糸屑《いとくず》 糸島郡《いとしま》 糸惜《いとおし》 糸掛螺《いとかけぼら》 糸 操《いとあやつり》 糸繰車《いとくりぐるま》 糸織 毛糸 木綿《もめん》 糸《いと》 白糸《しらいと》 生糸 絹糸 綿糸

3944 糺 キュウ ただす あわせる あざなう

「糾」と同字。

〔用例〕 1 糺済(済)否《さいひをただす》 2 3 糺明《きゅうめい》 4 糺 森《ただすのもり》 5 糺問《きゅうもん》

3945 系 ケイ つなぐ つながり

〔用語〕 系列 系統 系線 系圖(図)《けいず》 系譜 大系 世系 父系 母系 同系 帝系 傍系 直系 家系 略系 體(体)《たい》系《けい》

3946 糾 キュウ ただす あわせる あざなう

糺糾。

↓3944 糺

814

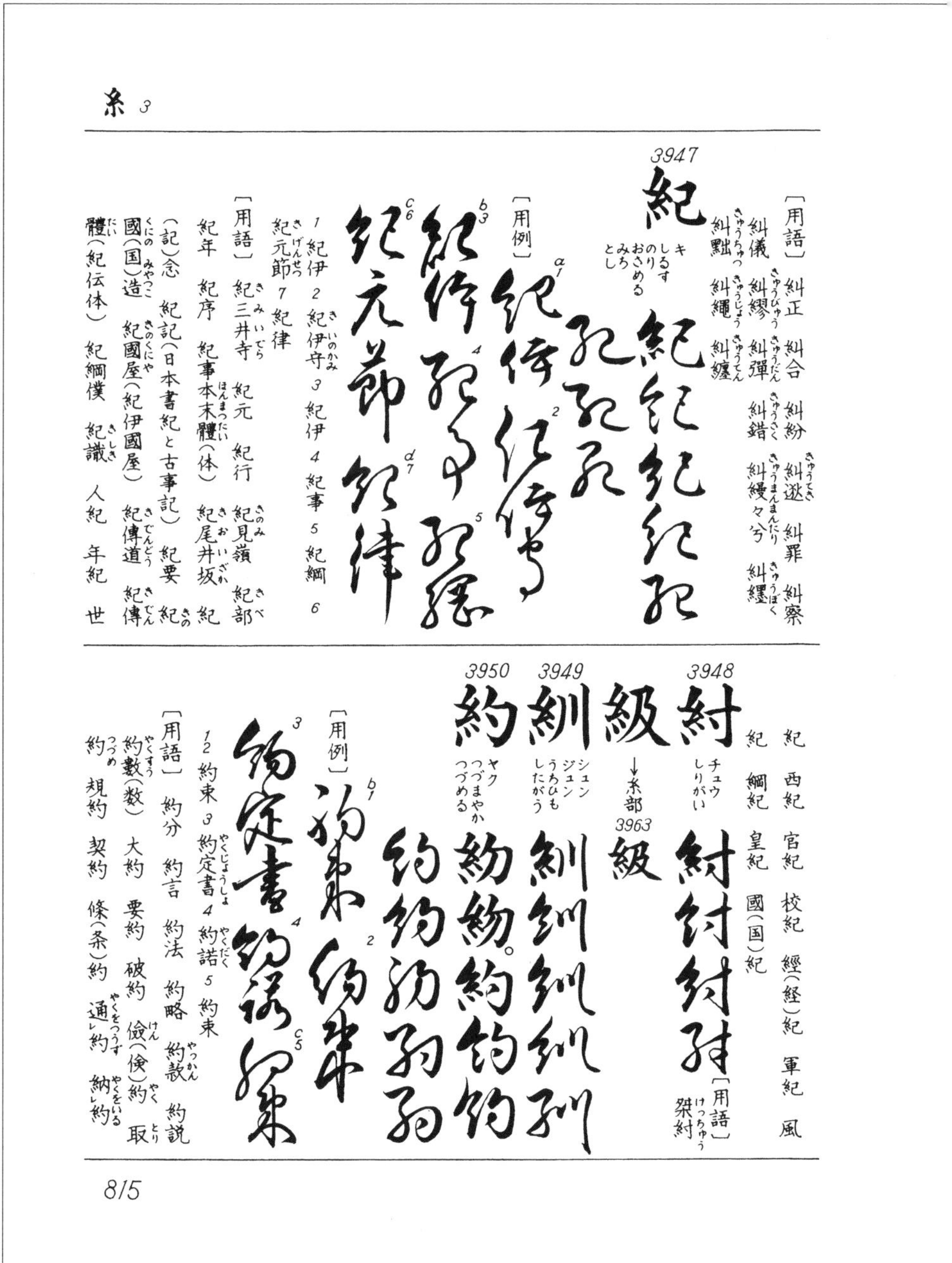

糸 3
3947 紀
〔用語〕糾正 糾合 糾紛 糾逖《きゅうてき》 糾罪 糾察
糾儀 糾繆《きゅうびゅう》 糾彈《きゅうだん》 糾錯《きゅうさく》 糾縵々兮《きゅうまんまんたり》 糾纆《きゅうぼく》
糾黜《きゅうちゅつ》 糾繩《きゅうじょう》 糾纏《きゅうてん》
キ しるす のり おさめる みち とし
〔用例〕
a1 2 b3 4 5 c6 d7
1 紀伊 2 紀伊守《きいのかみ》 3 紀伊 4 紀事 5 紀綱 6
紀元節《きげんせつ》 7 紀律
〔用語〕紀三井寺《きみいでら》 紀元 紀行 紀見嶺《きのみ》 紀部《きべ》
紀年 紀序 紀事本末體《ほんまつたい》(体) 紀尾井坂《きおいざか》 紀
(記)念 紀記(日本書紀と古事記) 紀要 紀《きの》
國(国)造《くにのみやつこ》 紀國屋《きのくにや》(紀伊國屋) 紀傳道《きでんどう》 紀傳《きでん》
體《たい》(紀伝体) 紀綱僕 紀識《きしき》 人紀 年紀 世
紀 西紀 官紀 校紀 經(経)紀 軍紀 風
紀 綱紀 皇紀 國(国)紀
3948 紂 チュウ しりがい
〔用語〕桀紂《けっちゅう》
級 ↓糸部 3963 級
3949 紃 シュン ジュン うちひも したがう
3950 約 ヤク つづまやか つづめる
〔用例〕
b1 2 3 4 c5
1 2 約束 3 約定書《やくじょうしょ》 4 約諾《やくだく》 5 約束
〔用語〕約分 約言 約法 約略 約款《やっかん》 約説
約數《やくすう》(数) 大約 要約 破約 儉《けん》(倹)約《やく》 取《とり》
約《つづめ》 規約 契約 條(条)約 通《やくをつうず》レ約 納《やくをいるる》レ約
815

糸部（いとへん）の最初のページ（『くずし字用例辞典』P.814・815）

さて、ここまでで、何が明らかになったでしょうか。
そうです。この『くずし字用例辞典』は、
くずし字の中の部首が自分で見わけられた場合に、きわめて有効な辞典なのです。
たとえば、左のくずし字を見てください。

①

②

③

④

これらは、実際に江戸時代に書かれた、時期も地域も別々の文書の中から拾ってみました。
①から④は、いずれも同じことが書かれています。「これぐらいなら簡単に読める」と思われた方も、「何と書いてあるか、さっぱりわからない」と思われた方も、ここに書かれたくずし字を〝**辞典で引く**〟ことを、ご一緒に考えてみましょう。

まず、何文字書かれているのでしょうか。初めは、どこからどこまでが一文字かさえ、見わけるのが難しいですね。まずは、それを練習してみましょう。

①が、比較的見わけやすいですね。一文字ずつ区切ってみます。

この五文字です。ということは、②以下も五文字です。

「ここから次の字に入っていたのか！」「すいぶん細長い一文字だ」「これで一文字？」などと、右ページと見比べてみてください。

先ほど、①から④が同じ内容だとお話しました。つまり〝ア・イ・ウ・エ・オが、それぞれ同じ字だ〟ということです。①から④を横並びに見比べてください。たとえば、

ア ①②③④

が、すべて同じ字ということになります。

このように見た時、アからオの中に、「これは○○偏だ」「この字は△△冠だ」などと、くずし字の一部が見えてくる字はありますか。つまり、本節のテーマである〝**部首で見わけられるくずし字**〟は、あるでしょうか。もし、あれば、「部首別画数順」の辞典を強力な助っ人として、そのくずし字を探すことができるのです。

では、ひとつひとつ、見ていきましょう。

ア ①②③④の

ア ①②③④は、

典型的な「いとへん」のくずしです。部首の見わけかたについては、後ほど第二章でお話しますから安心してください。ここでは取りあえず、この字が〝「いとへん」の字だとはわかるが、何の字かはわからない〟という状態だとします。

実は、こういう状態のことは、古文書を読んでいてよくあることなのです。

•「しんにょう」の字らしいけれど、何だろう。

•くずし字の一部に「土」のくずしが入っているな。

•このくずし字の下部は、「心」かな「灬」かな、それとも「皿」かな。

このように、くずし字の一部がわかったり、いくつかの可能性が見えたりして、それを手がかりにくずし字を引こうとする場合、その時の辞典が「**部首別画数順**」の辞典なのです。

ここでは、「いとへん」という手がかりをもとに、「糸部（いとへん）」のページを片っ端から探します。

すると、「紛（まぎれ）」のところで、「これとそっくりだ」と見つけることができます。

ついでに、「分」が

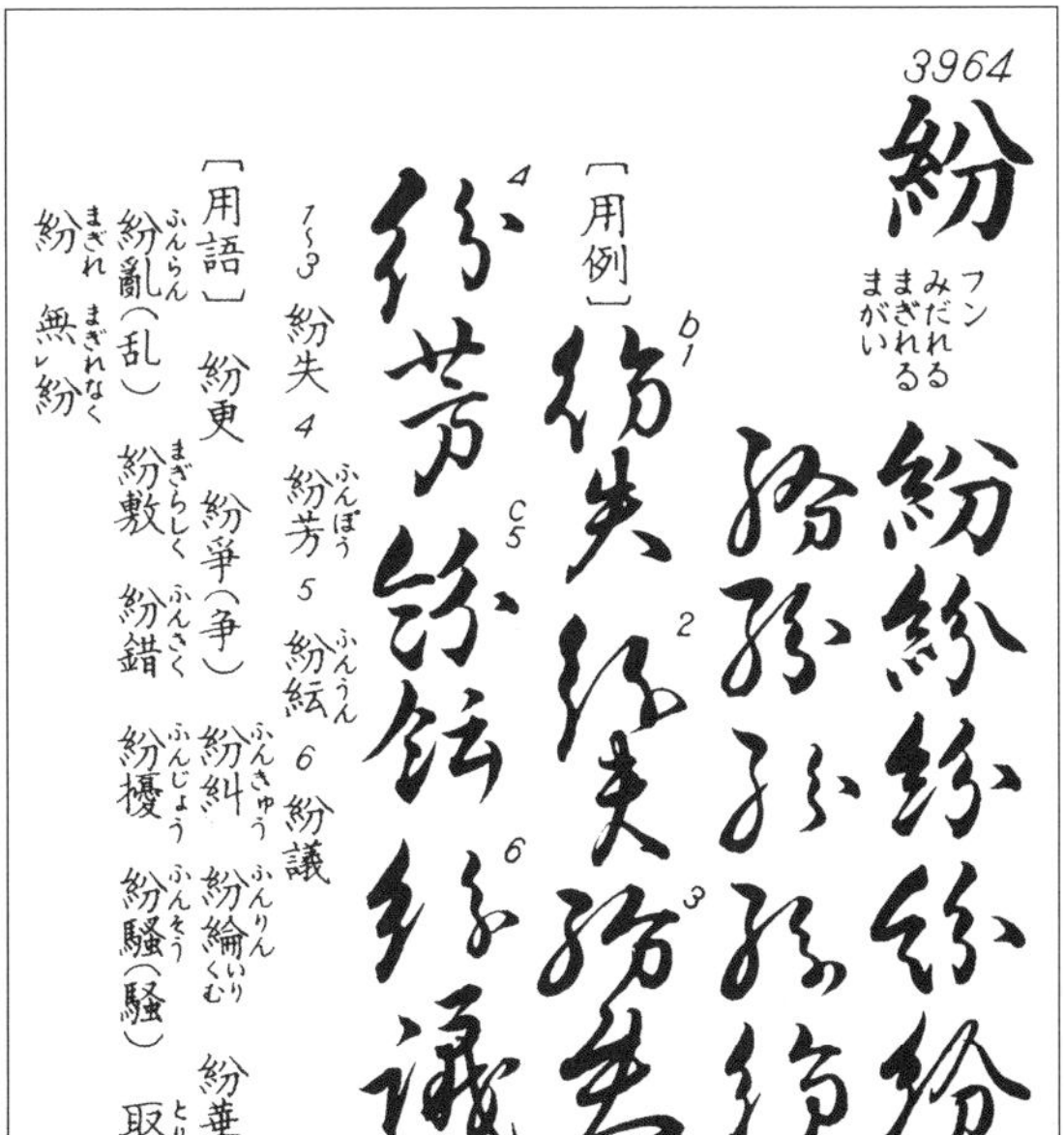
3964
紛 フン みだれる まぎれる まがい
[用例] 1~3 紛失 4 紛芳《ふんぽう》 5 紛紜《ふんうん》 6 紛議
[用語] 紛更 紛争（争） 紛糾《ふんきゅう》 紛綸《ふんりん》いりくむ 紛華
紛亂《ふんらん》（乱） 紛敷《まぎらしく》 紛錯《ふんさく》 紛擾《ふんじょう》 紛騒《ふんそう》（騒） 取《とり》
紛《まぎれ》 無《まぎれなく》レ紛

『くずし字用例辞典』P.819の「紛」

と、くずれることもわかります。

ここが大切なところで、「紛」で「分」のくずしを知ると「粉」「貧」「躮（せがれ）」などのくずし字が出てきた時に〝「分」が入っている〟と見えて、前後の文字や文意からも、読めるようになっていきます。〝**辞典を使って解読できた字を最大限に利用して、さらに読める字を増やす、読める範囲を広げる**〟ことも大切です（《おすすめ　その2》50ページ）。

では、他の字を見ていきましょう。

イ　① 　② 　③ 　④ 

ウ　① 　② 　③ 　④ 

エ　① 　② 　③ 　④ 

オ　① 　② 　③ 　④ 

この中で、部首を手がかりに引けるのは、エでしょう。

エ　① 　② 　③ 　④ 

この部分が「まだれ」だな、と気づくと、「广部（まだれ）」のページを繰っていって、「座」だと調べがつきます。

24ページに『くずし字用例辞典』の「座」を載せます。ここで、この辞典の特色を詳しく見ておきましょう。

まず、楷書体の見出し「座」の下に、カタカナで（音）ザ、ひらがなで（訓・意味の）くら・すわる・います、とあり、その下に二列にわたって「座」のくずしが書かれています。その次には［用例］とあり、1から12のくずし字とその読みが書かれています。

この辞典の［用例］のくずし字は、実際に書かれた古文書のくずし字を模写したものです。凡例には「歴史上の著名な古文書のほか、古来の名筆・書翰・記録・揮毫などから幅広く集めた」とあります。よく見ると、用例の1の上にはaと書かれています。aの用例の出典は古代・中世ですので、a1「座中」2「座次」は古代・中世のくずしを模写したもの。b3「座下」から9「座敷」までが近世（慶長以降、明治初年まで）の古文書を模写したものです。cの出典は明治以降で10「座主」から12「座興」までです。

次の［用語］は、「古文書用語、漢文語句、中世・近世の俗字、あて字、歴史的用語、郡名等の地名、現代書翰用語などを集めたもの」です。〝こういう言葉遣いがあるのか〟と知ると、古文書の解読の手助けになりますね。

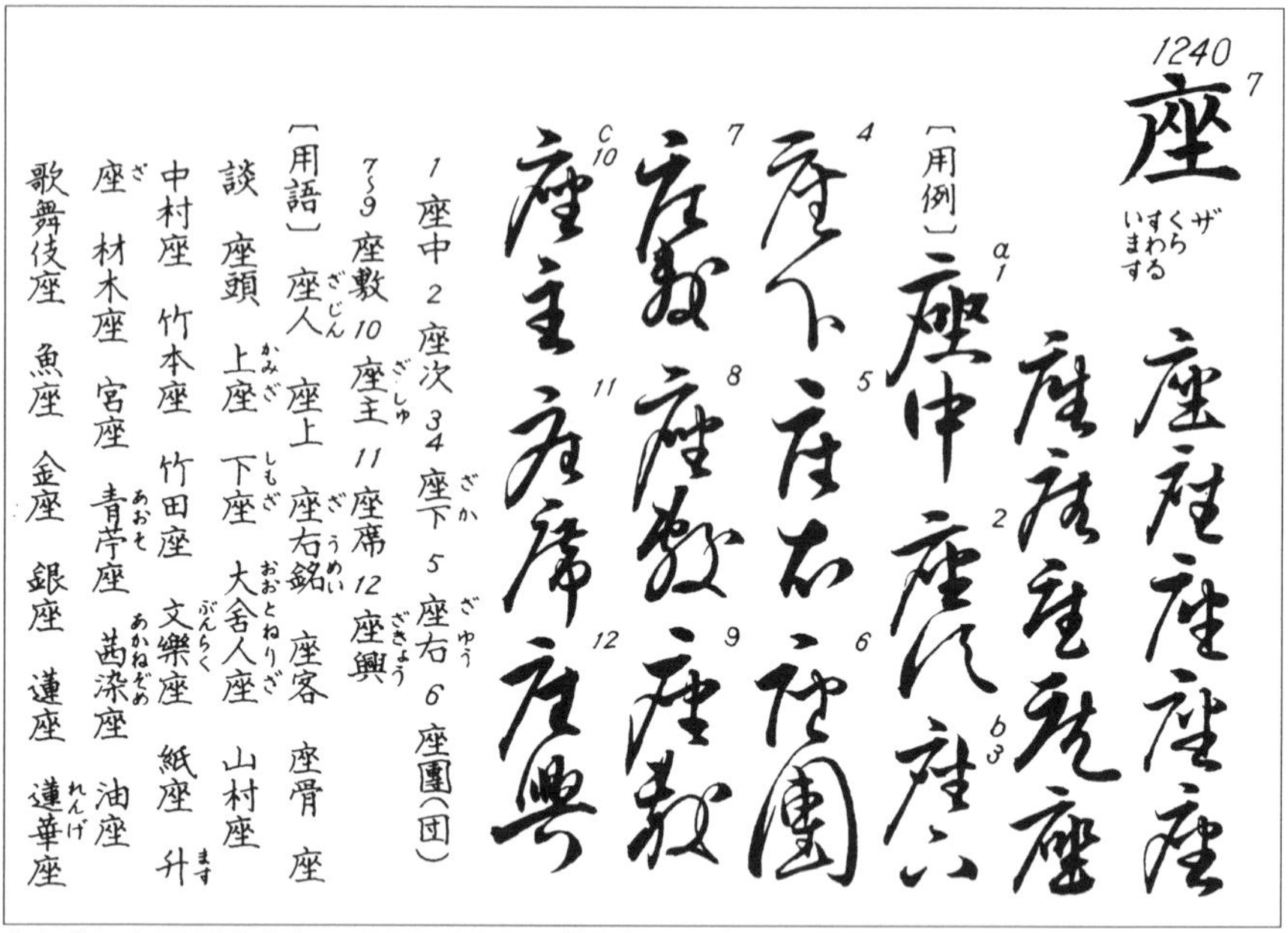

『くずし字用例辞典』P.292·293の「座」の一部

"実際に書かれたくずし字に限りなく似せて模写したもの" という特色とともに、『くずし字用例辞典』のもうひとつの特色は、**"その漢字が頭（上）にくる［用例］のくずし字を載せている"** ことです。「座右（ざゆう）」「座敷（ざしき）」などです。

同じ「部首別画数順」でも、これと対照的な作りかたをしているのが『古文書小字典』（柏書房）です。

比較してみると、それぞれの特徴がよくわかります。

左ページにその『古文書小字典』の「座」を載せます。見開きの両ページをじっくり見て、両者がどう違うか、上手に使いこなすにはどうしたらよいかを考えてみましょう。

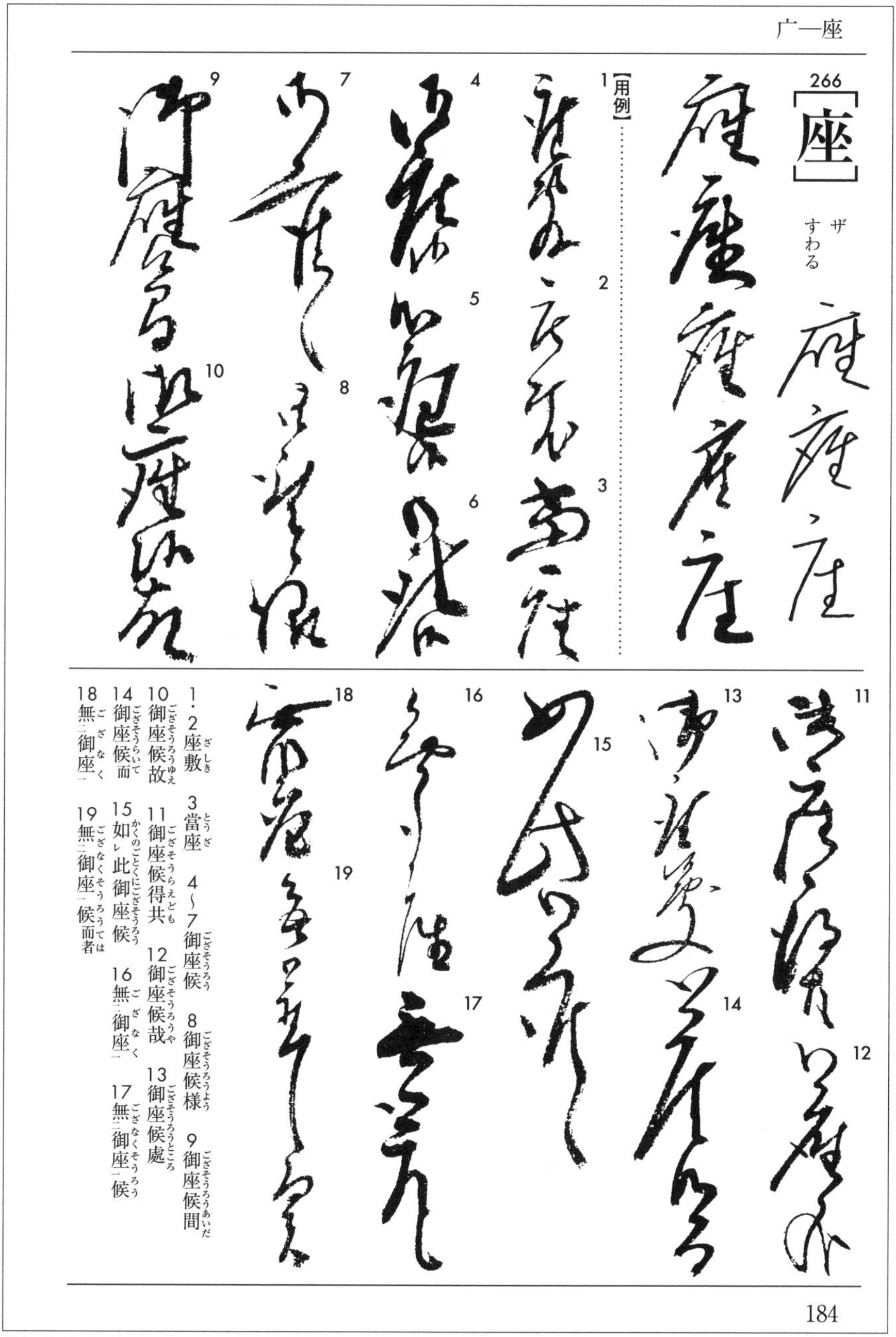

266【座】ザ すわる

【用例】

1 2 3 4 5 6 7 8 9 10 11 12 13 14 15 16 17 18 19

1・2座敷《ざしき》　3当座《とうざ》　4〜7御座候《ござそうろう》　8御座候様《ござそうろうよう》　9御座候間《ござそうろうあいだ》
10御座候故《ござそうろうゆえ》　11御座候得共《ござそうらえども》　12御座候哉《ござそうろうや》　13御座候処《ござそうろうところ》
14御座候而《ござそうらいて》　15如レ此御座候《かくのごとくにござそうろう》　16無二御座一《ござなく》　17無二御座一候《ござなくそうろう》
18無二御座一《ござなく》　19無二御座一候而者《ござなくそうろうては》

184

『古文書小字典』P.184の「座」

一見して、「あ、違う！」と思われたことでしょう。そうです、『古文書小字典』は、くずし字を古文書からそのまま切り取って載せたものなのです。模写したものではありません。同じページに載せるためには、サイズを揃えなくてはならず、多少の拡大や縮小をしていますが**〝すべて江戸時代の人たちが実際に書いた膨大な数の古文書から取ったくずし字〟**です。筆の太さも勢いも、書いた人それぞれによって違っていて、その場その時の息遣いを伝える迫力ある臨場感がありますね。

　構成を見てみましょう。見出し［座］の下に、ザ・すわる、と読みがあります。その下のはペン書きです。代表的なくずしかたをペンで骨書きしたものです。筆で書かれたものは、重なったり潰れてしまったりしていて、どう書かれているのか、筆遣いがわかりにくいものです。それを、わかりやすく書いたものです。

　その次の行は、「座」のくずしでよく見るものを、実際の古文書から拾ったものです。**【用例】**も、**1**の「座敷（ざしき）」から**19**の「無二御座一候而者（ござなくそうろうては）」まで、すべて江戸時代の古文書からのものです。

　ここで、さらに特色がわかってきました。『古文書小字典』は**〝江戸時代（戦国期から明治初期ぐらいまでを含めて）のくずし字を載せ、それを解読することを対象〟**としています。『くずし字用例辞典』のａにあたる古代・中世のくずし字は拾っていませんが、ｂに該当する江戸時代を中心に、もう少し広く言うと戦国期から明治初期までの古文書が読めるようになることを目的としているのです。

そして**〝見出し漢字が頭（上）にくる【用例】だけでなく、その漢字を使った熟語や表現も古文書中からそのまま抜き出している〟**とわかりました。

「座」の項目には、「御座候（ござそうろう）」「無二御座一候（ござなくそうろう）」「如レ此御座候（かくのごとくにござそうろう）」なども載っています。

もちろん、「座」の項目だけでなく「無」の項目にも「無御座」があります。そこには、「座」のところにあったのとは違う古文書から拾ってきた、違うくずしのパターンの「無御座」を載せています。

これらの【用例】を、自分の力で読んでいきながら解読されたものと照らし合わせていくと、くずし字を読むためのとてもよい練習になります。〝辞典〟であり、〝練習問題〟でもあるのです。解読には、必ずルビがふってあるのも、練習問題として最適です。読みかたの正解はひとつしかないとは限らず、このルビ以外にも読みかたはある、ということを含めても、とても親切な作りになっています。

さらに、これらのくずし字を見ていると、実際の古文書を読んでいる感覚になり、この前後には、何と書かれていたのだろう、と思ったりします。「如レ此（かくのごとく）」とあるからには、その前に文章があるわけで、それはどんな内容なのだろう、などと想像がふくらみ、いろいろな古文書と出会うのが楽しみになるかもしれません。知らない用語や表現が出てきたら、他の書物を調べて明らかにしたくなるでしょう。つまり、〝辞典〟としてだけでなく〝読み物〟としても面白いと思います。

このように、『古文書小字典』を辞典としてだけでなく、〝練習問題〟や〝読み物〟として使うことは、私のお勧めで、そのように楽しんで学んでいらっしゃる方を、私は何人も知っています（《おすすめ　その3》52ページ）。

『くずし字用例辞典』のほうは、「座」の項目には「座」が頭にくる［用例］を取りあげていますので「御座候」などは載っていません。しかし、「御」の項目を引いてみると十三ページもの記載があり、その中の近世の用例のくずしだけでも201個載っています。「御座候」「御公儀様」「御役所」「御機嫌」など、「御」が先頭のくずしの多種多様さは圧巻です。これも〝練習問題〟や〝読み物〟〝史料を読む上での参考資料〟として心強いですね。

同様に、「無御座」のくずしは「無」のところにあります。「無事」「無用」「無沙汰」などたくさんの「無」が頭に付く用例が載っています。

このように、同じ「部首別画数順」の二冊でも、くずし字の集めかたや編集の仕方は、大きく異なります。集めた古文書の時代の幅も、模写か実物のくずし字かも、違うのです。この両方の辞典があることが、私たち古文書を学ぶ者にとって幸せなことだと思っています。

この二冊の辞典は、大きさも重さも全然違います（12ページ写真）。

『古文書小字典』は、驚くほど小さく、携帯するのにとても便利です。その中に、よくこれだけの情報量を入れたというほどのものが詰め込まれています。30・31ページに「部首索引」を載せましたので、14・15ページの『くずし字用例辞典』と比べてみてください。索引だけでも、かなり絞っていることがわかります。見出し漢字810字は、選りすぐったくずし字で、江戸時代の古文書に出てくる主要な文字のほとんどをカバーしています。何より、約9300の【用例】は、江戸時代の人が実際に書いた味わい深いくずし字です。

一方、『くずし字用例辞典』は、重量感のあるどっしりとした辞典です。実に6406字の見出し漢字を載せています。しかも、その膨大な［用例］や［用語］は、近世のみならず、古代から近代までをカバーし、これ以上のくずし字はないぐらいの充実ぶりです。上手に引けば必ず出ているという安心感があり、古文書学習者の拠りどころです。

この二冊については、またそれぞれの長所や使いかたについて、さらにお話する章を、後で持ちたいと思っています。本節では〝部首を手がかりに引く「**部首別画数順**」の「くずし字辞典」がある〟とわかっていただけたと思います。

部首索引

五画	辶(辵・辶) 459	艹(艸・艹) 407	月(肉) 397	耂(老) 392	罒(网・㓁) 388	礻(示) 354	王(玉) 333	尣(尢) 167	犬(犭) 330	牛(牜) 329	爻 328	爪(爫) 328	火(灬) 322
石 353	矢 352	目 349	皿 348	白 346	癶 345	疒 344	疋(𤴔) 343	田 336	用 335	生 335	甘 334	玉(王) 333	歹(歺) 301
老(耂) 392	羊(⺶) 390	网(罒・四) 388	糸 377	米 376	竹 368	六画	衤(衣) 418	罒(网・四) 388	氺(水・氵) 307	立 366	穴 364	禾 357	示(礻) 354
衣(衤) 418	行 416	血 415	艸(艹・艹・艹) 407	色 406	舟 405	舛 404	臼(臼) 404	至 402	自 401	臣 401	肉(月) 397	耳 394	而 393
邑(阝)(右) 481	辵(辶・辶) 459	辰 458	車 456	身 455	足(𧾷) 454	走 451	貝 443	豆 442	言 427	角 425	見 422	七画	襾(覀) 421
面 504	九画	食(飠・𩙿) 515	非 504	雨 503	隹 500	阜(阝)(左) 495	門 491	長 491	金 487	八画	臼(臼) 404	里 485	酉 484
		鹿 522	鳥 521	魚 520	十一画	高 519	馬 516	十画	食(飠・𩙿) 515	飛 515	風 514	頁 506	音 505

「部首索引」(『古文書小字典』)

第三節

「起筆順」で引く『くずし字解読辞典』の構成

①

②

③

④

「部首別画数順」の辞典を使って、五文字の内の二文字は読めました。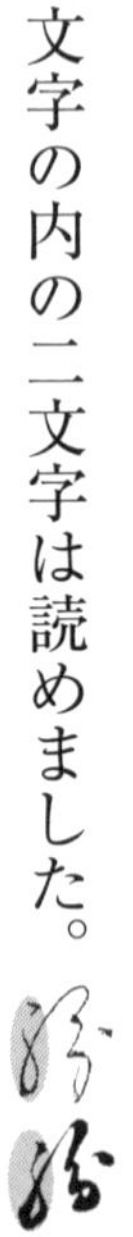が「いとへん」の「紛」、が「まだれ」の「座」でしたね。

さて、残りのイ・ウ・オです。実はこれらも、「部首」で引くことのできる漢字です。しかし、これらのどこに部首があるのか、それがどうくずれているのかがわかるのは、〝多少、くずし字が字として見えてきて〟〝くずし字や古文書の知識が蓄積されてから〟でしょう。

まだその知識がないとして、〝**辞典で引く**〟ことを考えてみましょう。

〝何が何だかわからない〟〝何をどうくずしてあるのか見当がつかない〟状態の時に、あなたを助けてくれるのが、「起筆順」の辞典です。一画目が、どこからどうはじまっているか、筆の入りかたがどうなっているかを、しっかり見極めるのが勝負です。

「どうやったら、古文書が読めるようになりますか」というご質問があった時、私は三つのことをお願いしています（『古文書はじめの一歩』『古文書はこんなに面白い』柏書房）。

1　くずし字を、じっとにらむ（じっくり、よく見る）（《おすすめ　その4》52ページ）。

2　真似して書いてみる（くずし字の上を、指でなぞってみるだけでも効果あり）。

3　声に出して読む（古文書を音読すると、古文書のリズムや文章がわかってくる）。

この1と2を実践すれば使いこなせるのが「**起筆順**」です。「目次」を見てみましょう。

目次
はしがき 2
凡例 7
4

目次
109 109 109 108 108 107 107 105 104 104 103 102 102 101 101
128 128 127 127 126 125 125 124 124 121 119 112 110 110 109
139 139 138 138 137 136 135 135 133 129 128 128 128 128 128
151 151 149 149 149 148 141 141 141 140 140 140 140
159 159 159 158 157 156 156 155 155 154 153 153 153 152 152
170 169 168 167 167 166 165 165 165 162 161 160 160 160 159
181 180 179 178 177 176 174 174 174 173 173 173 172 171 170
187 186 186 186 185 185 185 184 184 183 182 182 181
5

「目次」（『くずし字解読辞典』）

目次

6

この辞典が出たのは、一九七〇（昭和四五）年です。

半世紀以上前になりますが、先見の明がある画期的な試みだったからこそ、いまだに、毎年、多くの方々がこの辞典を購入して、初心者も上級者も、くずし字や古文書を楽しんでいるのでしょう。

どのような構成になっているのか、「目次」をじっくり見てみましょう。

起筆を、慎重かつ大胆に、大きく五つのケースに分けています。そのくずし字が、どう見えるかという、見えかたの立場にたった構成の仕方に共感します。

1、　縦点から　はじまるくずし字　→その後、下に向かって連続していく

2、　横点から　はじまるくずし字　→その後、右に向かって連続していく

3、　斜め棒から　はじまるくずし字＝右上から左下に向けての斜め棒で起筆

4、　縦棒から　はじまるくずし字＝上から下に向けての棒で起筆

5、　横棒から　はじまるくずし字＝左から右に向けての棒で起筆

1から5への配列は（本書では、第一グループから第五グループと呼ぶことにします）、

・点が先で、棒が後

・縦が先で、横が後

が原則になっている、と思っていれば、この辞典を引きやすくなります。

それは、さらに、それぞれのグループ内でも原則的に同じです。つまり、一画目から二画目にどう続いていくかですが、たとえば第一グループ「縦点からはじまるくずし字」のグループ内での掲載順は、二画目へのつながりかたによって

①縦点→②横点→③斜め棒→④縦棒→⑤横棒　の順になっているのです。

そんなことを考えないで、とにかく手元にある〝読めないくずし字〟が、どこからどう書かれているかをじっくり見て、それと似たページを「目次」の中から探して、そこを徹底的に探せばいいのですが、やみくもに探すよりは、やはり全体の構成を知っていれば大きな手助けになります。くずし字をじっとよく見て、真似して書いてみてください。そして、

「起筆は、この点で、そこから下におりて、くるっと丸まっている」

「この縦棒からはじまって、その右横にも縦棒がある」

「横棒からはじまって、そこに縦棒が交わっている」

こんなふうに〝**言葉にして声に出しながら**〟、どのグループのどこにありそうか「目次」を探っていってください。そうすれば、この「起筆順」のくずし字を使いこなせるようになっていきます。懸案のイ・ウ・オで練習してみましょう。まずは、イから。

ここでのイは、どれも同じようなくずしかたをしています。起筆は、右で網を掛けた点(縦点)ですから、第一グループを探せばいいですね。

起筆から先は、どのように筆が運ばれているでしょうか。そうですね、さらに縦方向に点が打たれています。

イ ① ② ③ ④

「縦点からはじまって、縦点につながっている」。こう唱えながら、この筆遣いを「目次」から探せばいいのです(《おすすめ その5》54ページ)。

「目次」第一グループの最初の9ページが、最も可能性がありそうですね。すぐに9ページを開けてみましょう。

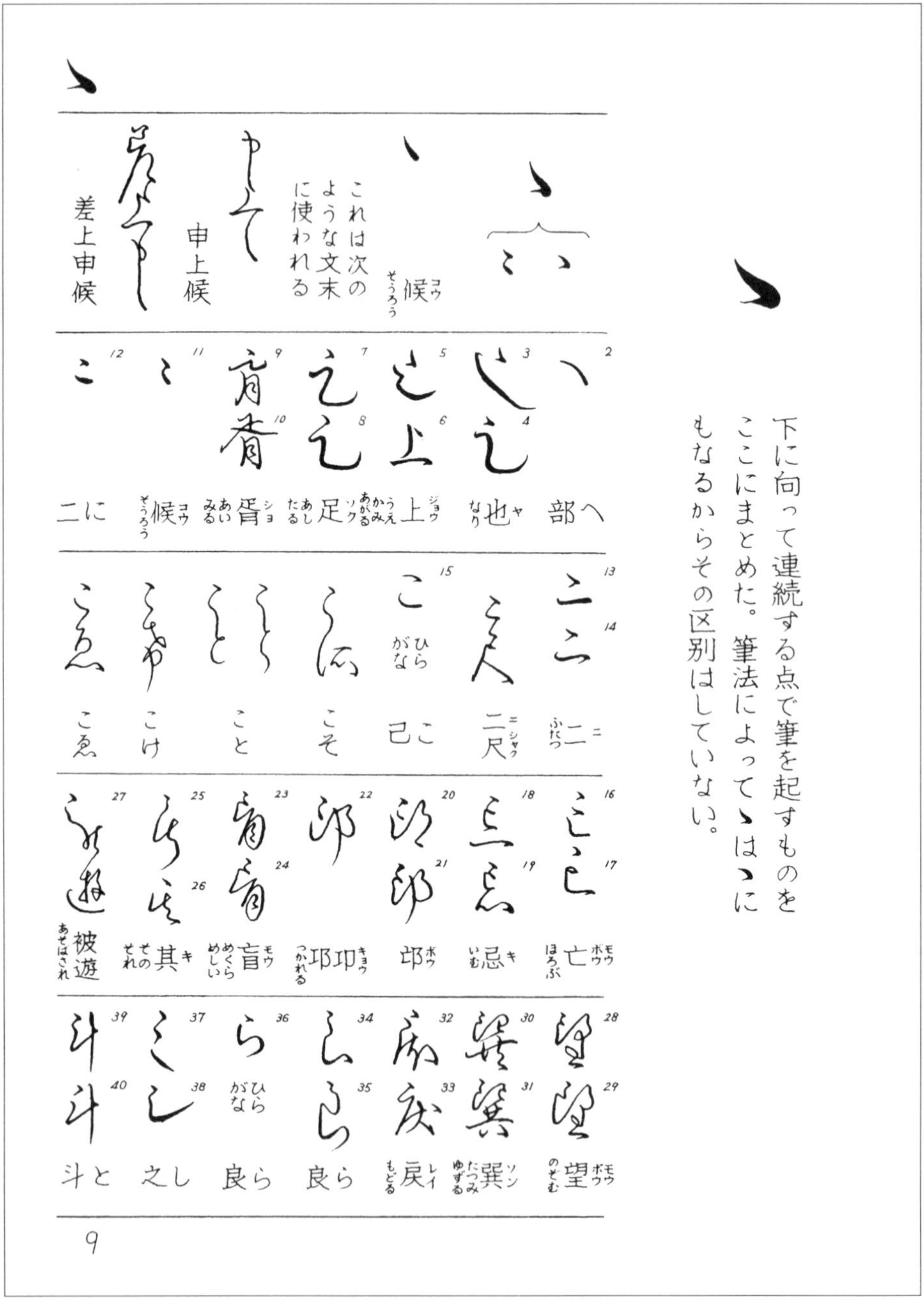

下に向って連続する点で筆を起すものをここにまとめた。筆法によって丶は⌒にもなるからその区別はしていない。

候《コウ》《そうろう》

これは次のような文末に使われる

申上候

差上申候

2 部へ

3 4 也《ヤ》《なり》

5 6 上《ジョウ》《うえ かみ あがる》

7 8 足《ソク》《あし たる》

9 10 胥《ショ》《あい みる》

11 候《コウ》《そうろう》

12 二に

13 14 二《ニ》《ふたつ》

二尺《ニシャク》

15 己こ ひらがな

こそ

こと

こけ

こゑ

16 17 亡《ボウ モウ》《ほろぶ》

18 19 忌《キ》《いむ》

20 21 邱《ホウ》

22 邛卭《キョウ》《つかれる》

23 24 盲《モウ》《めくら めしい》

25 26 其《キ》《その それ》

27 被遊《あそばされ》

28 29 望《ボウ モウ》《のぞむ》

30 31 巽《ソン》《たつみ ゆずる》

32 33 戻《レイ》《もどる》

34 35 良ら

36 良ら ひらがな

37 38 之し

39 40 斗と

9

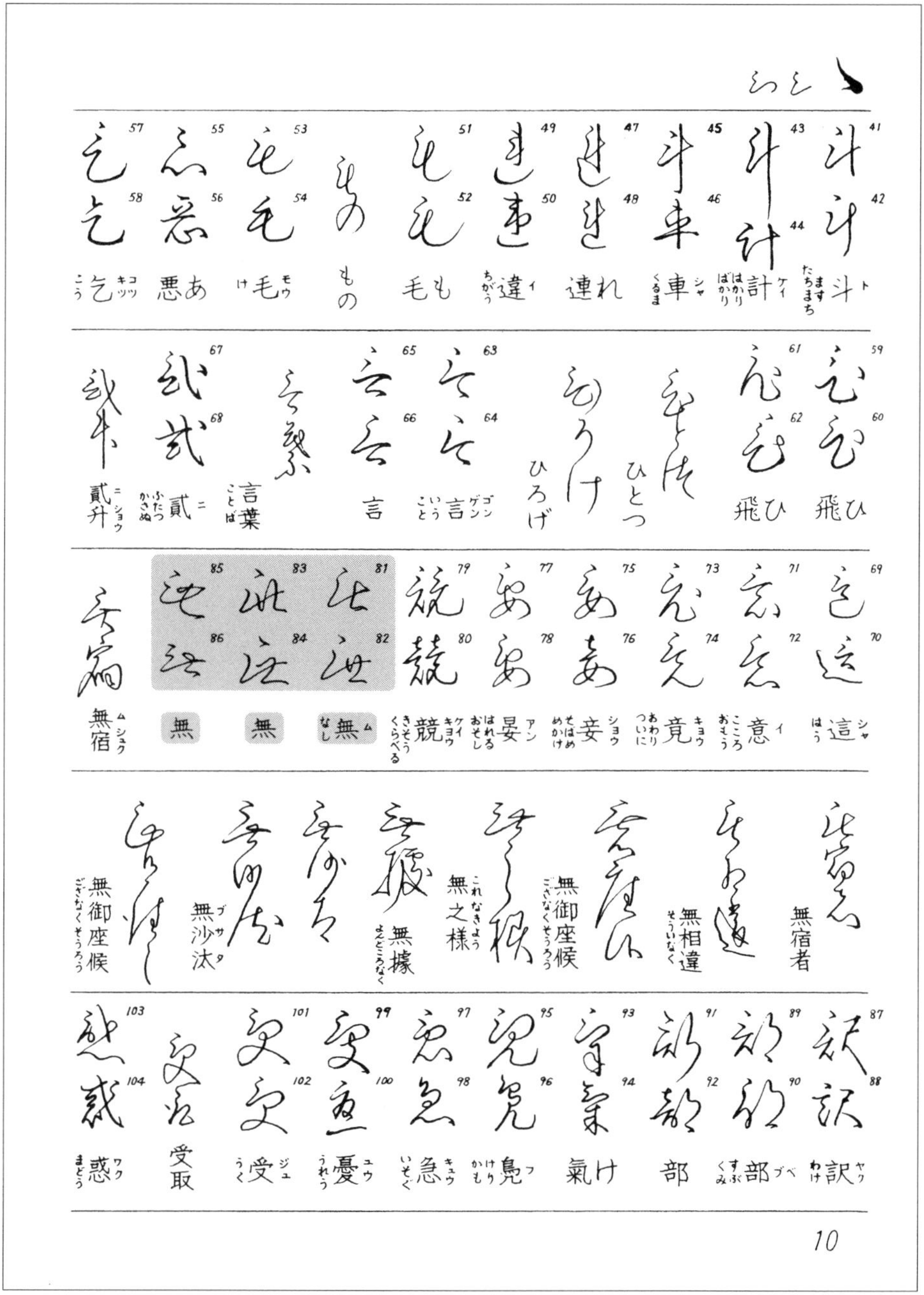

斗 ト たちまち ます
計 ケイ はかり ばかり
車 シャ くるま
連れ
違 イ ちがう
毛も
もの
毛 モウ け
悪あ
乞 キコツ こう
飛ひ
飛ひ
ひとつ
ひろげ
言 ゲンゴン こいとう
言
言葉 ことば
貳 ニ ふたつ かきぬ
貳升 ニショウ
這 シャ はう
意 イ こころ おもう
竟 キョウ おわり ついに
妾 ショウ そばめ めかけ
晏 アン はれる おそし
競 ケイキョウ きそう くらべる
無 ム なし
無
無
無宿 ムシュク
無宿者
無相違 そういなく
無御座候 ございなくそうろう
無之様 これなきよう
無據 よんどころなく
無沙汰 ブサタ
無御座候 ございなくそうろう
訳 ヤク わけ
部 ブベ
部
氣け
急 キュウ いそぐ
憂 ユウ うれう
受 ジュ うく
受取
惑 ワク まどう
10

『くずし字解読辞典』

「縦点からはじまって、縦点につながっている」くずし字は、さらに続いていますが、探しものは、すでに見つかりましたね。そうです。前ページの網を掛けたくずし81から86（各グループごとの通し番号）が、㋑①②③④によく似ています。㋑が「無」だったことが、見事にわかりました。

さらに「無宿」「無宿者」などの用例が九例挙げられています。このように『くずし字解読辞典』にも「用例」がかなり載っているのです。その中の、四番目と九番目の用例に「無御座候（ござなくそうろう）」があります（左ページ上段）。ここから㋒と㋔も読めます。

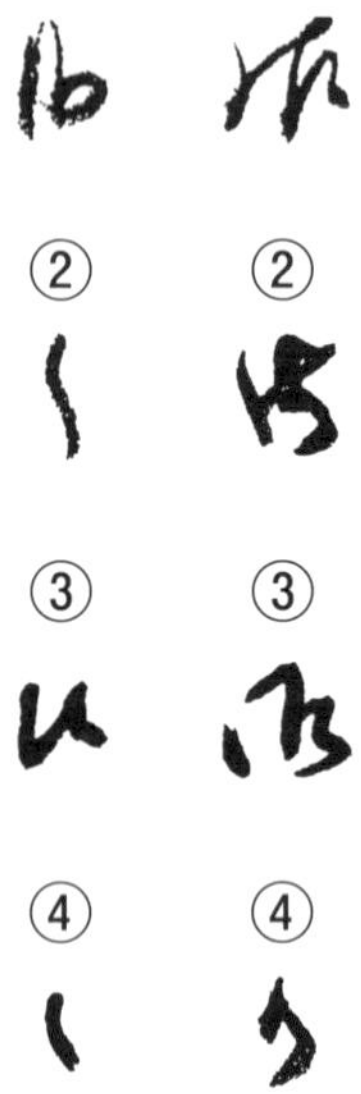

九番目の「御」は㋒④に似ています。

四番目の「候」は㋔①に、九番目の「候」は㋔②④にそっくりです。

つまり、㋒は「御（ご）」であり、㋔は「候（そうろう）」だとわかりました。

実は㋔②④〝点だけの「候」〟〝筆が止まっているだけで「候」と読む場合〟については「縦点ではじまる」グループのトップで、すでにお目に掛かっています（左ページ下段）。

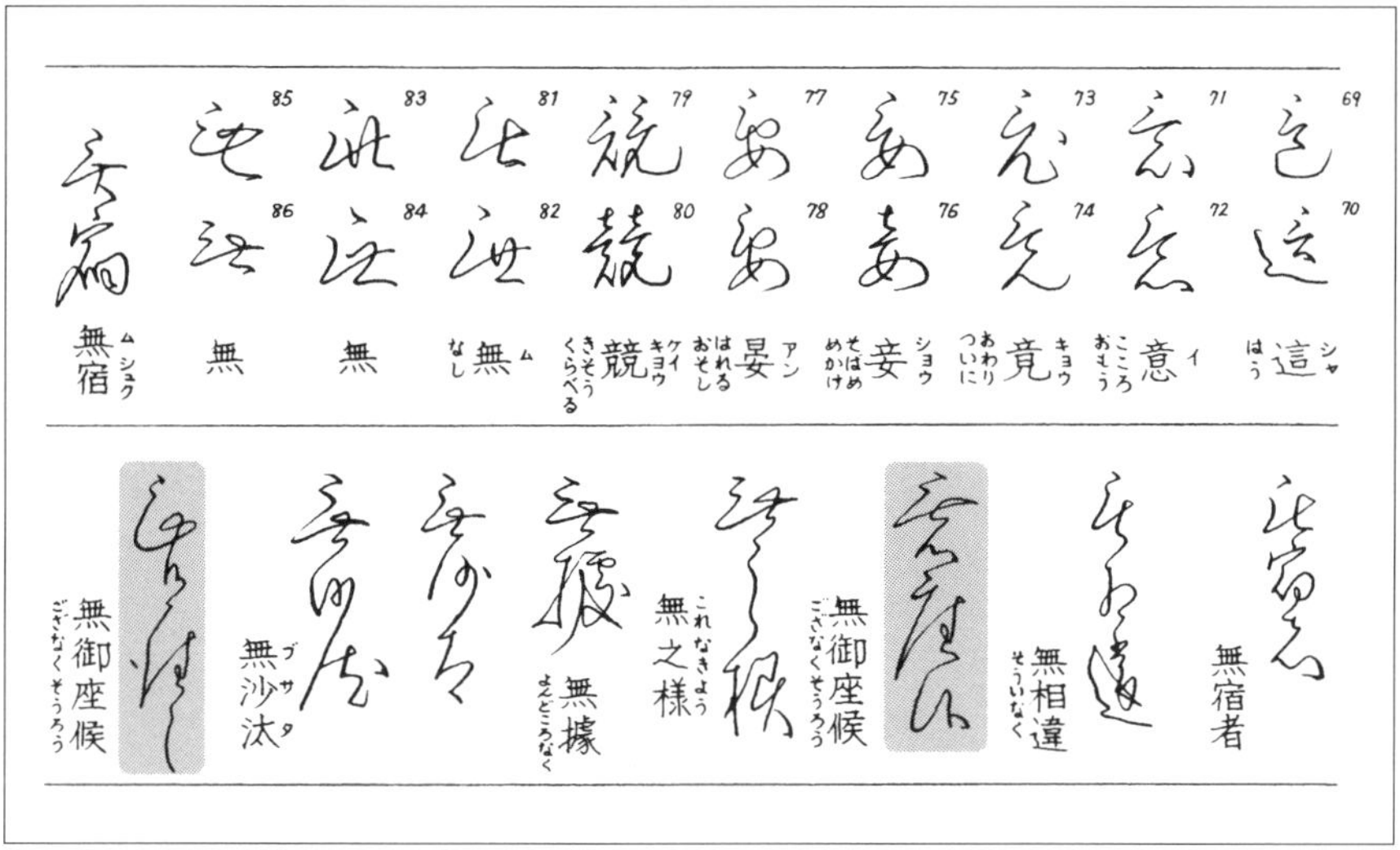

『くずし字解読辞典』P.10より

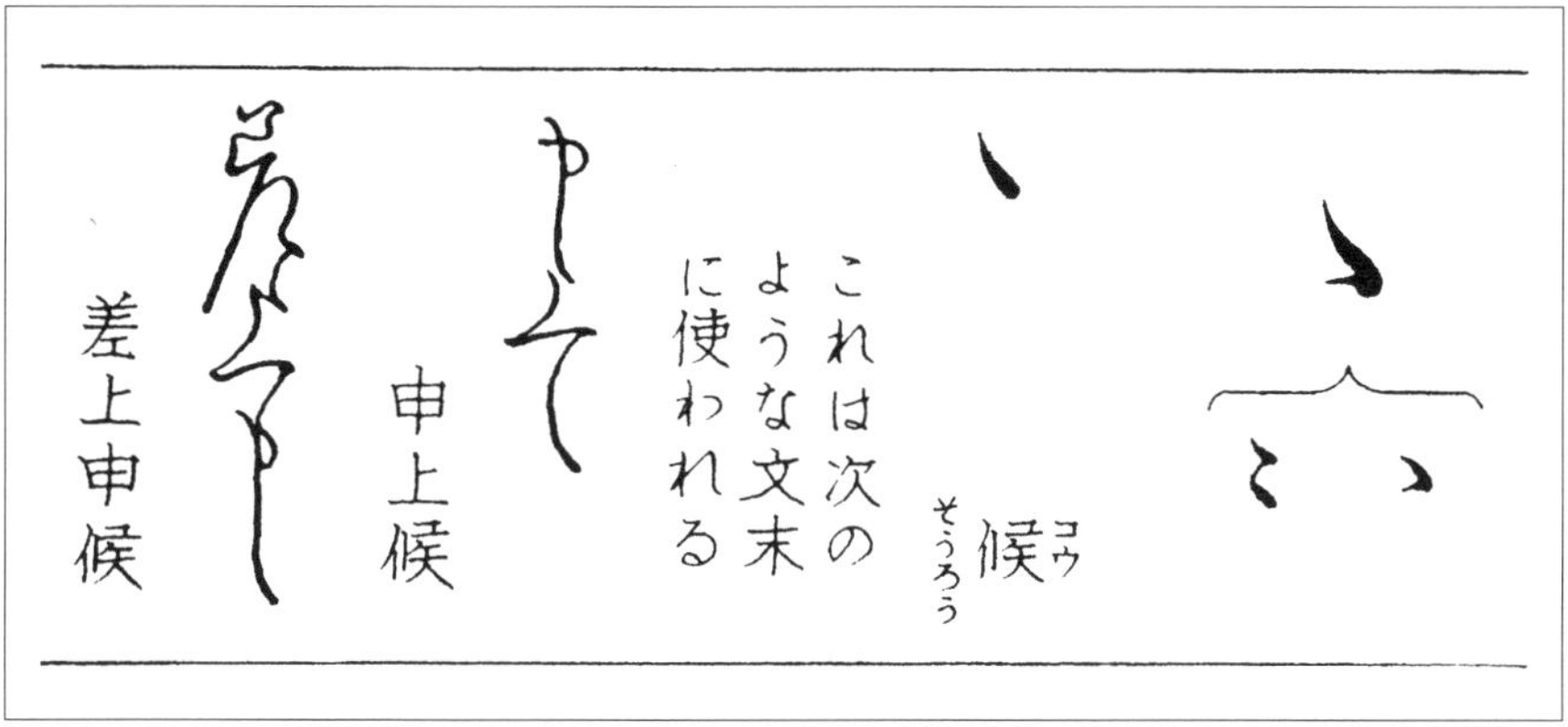

『くずし字解読辞典』P.9より

この〝筆が止まっているだけで「候」と読む〟パターン（②④）以外の「候」についても、「起筆順」で引いてみましょう。

オ　① 　② 　③ 　④ 

①と③は「縦棒からはじまるくずし字」のグループですね。何と唱えながら探せばよいでしょうか。「縦棒からはじまって、縦棒につながる」ですね。

目次の縦棒グループ（左ページ）を見ながら、どのへんにあるか見当をつけましょう。

・141ページから縦棒グループがはじまっている。
・153ページあたりからが、可能性有りか。
・155ページに、そっくりのくずしが載っているようだ。
・そのあとのページには、あまり似ているのがなさそうだ。

と考えて、可能性が一番大きそうな155ページを開けてみましょう。

早速「候」に行き当たることができました（46・47ページ）。

1139の 「候」が、①に一番似ているでしょうか。「候得者（そうらえば）」の用例も出ています。③の 「候」は、154ページの1048の 「候間（そうろうあいだ）」の 「候」に近いですね。

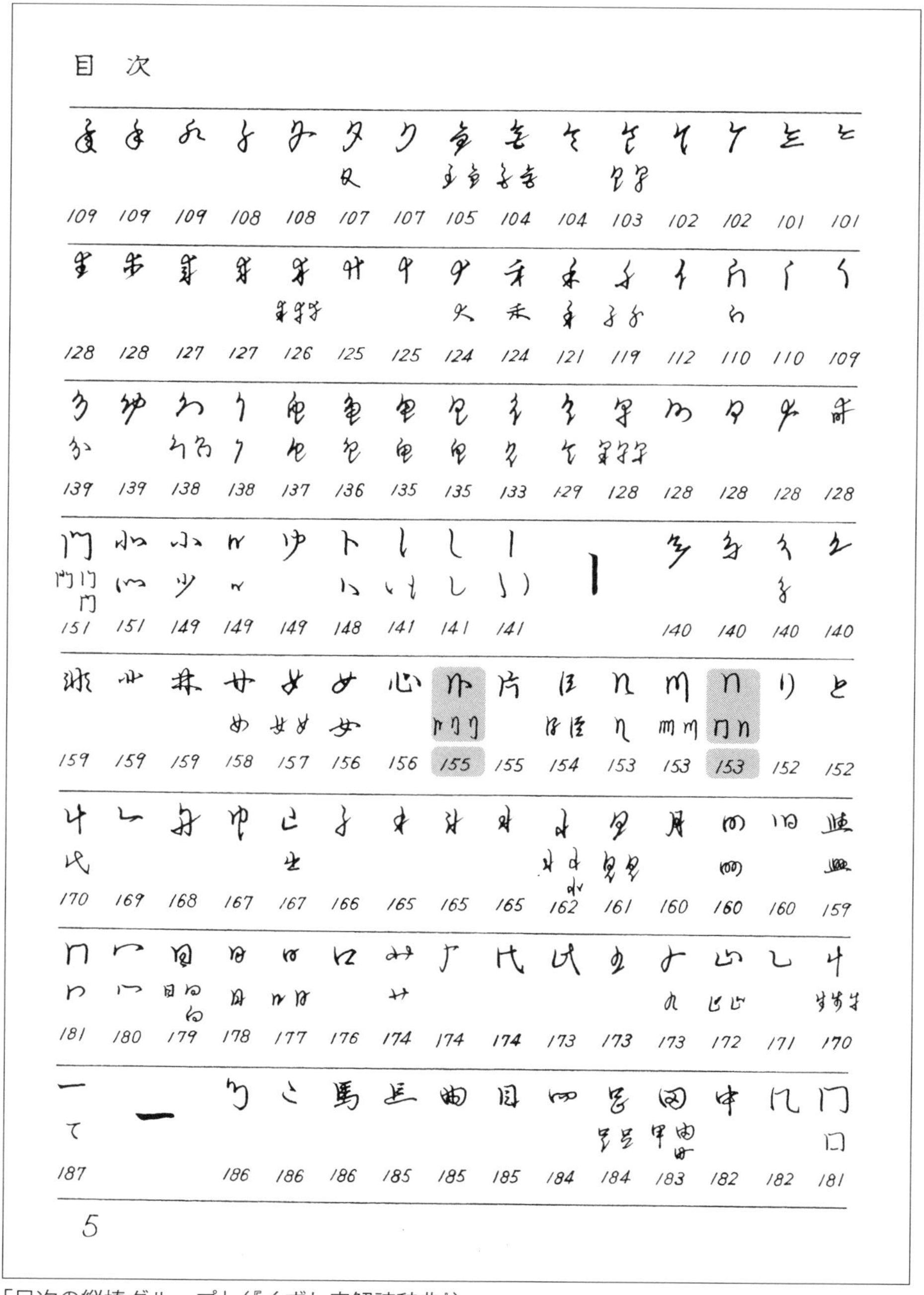

「目次の縦棒グループ」(『くずし字解読辞典』)

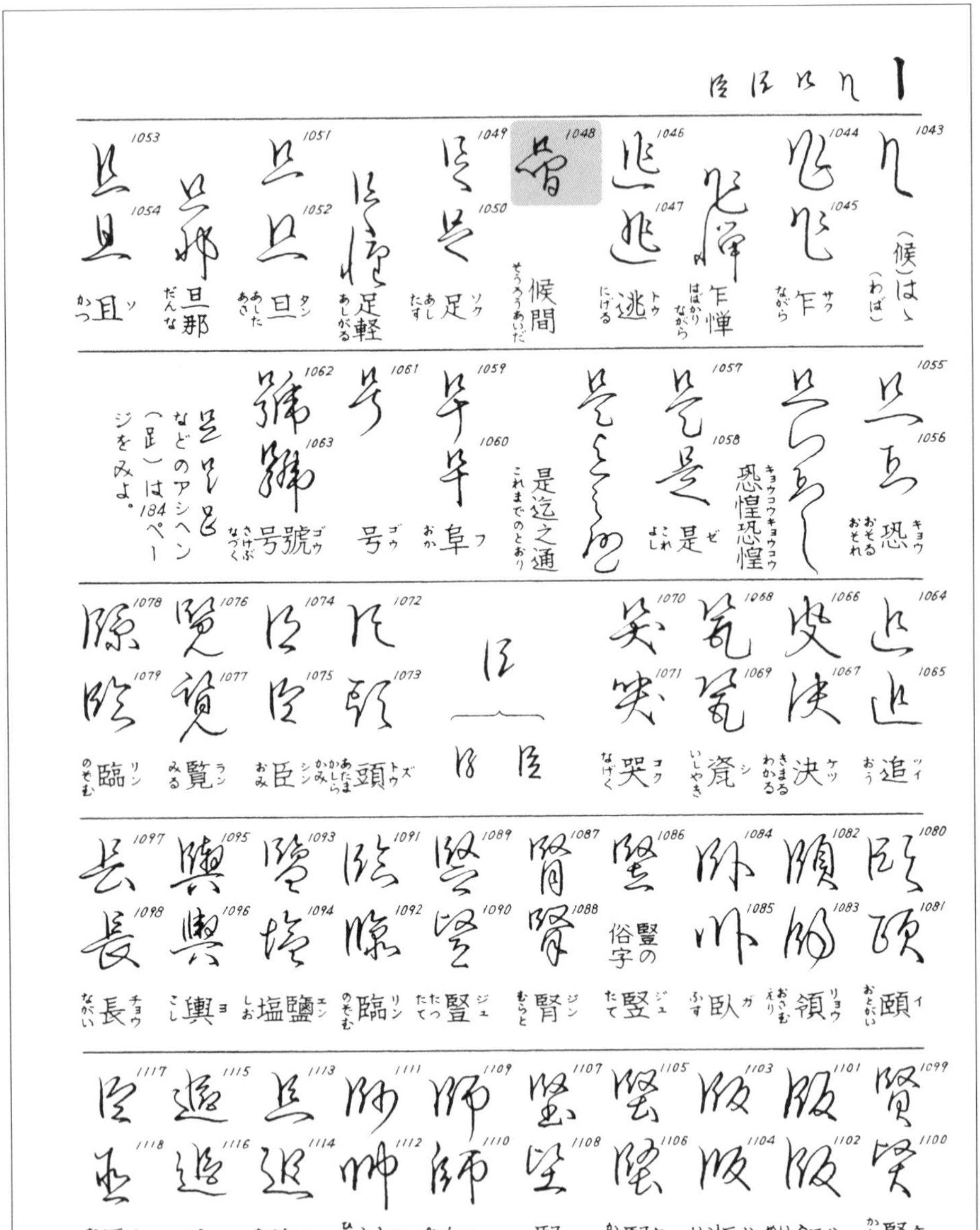

1043 （候）は〻（わば）
1044 1045 乍《サク》 ながら
1046 1047 逃《トウ》 にげる
乍憚《はばかりながら》
1048 候間《そうろうあいだ》
1049 1050 足《ソク》 あし たす
1051 1052 旦《タン》 あした あさ
足軽《あしがる》
1053 1054 且《ソ》 かつ
旦那《だんな》

1055 1056 恐《キョウ》 おそる おそれ
恐惶恐惶《キョウコウキョウコウ》
1057 1058 是《ゼ》 これ よし
是迄之通《これまでのとおり》
1059 1060 阜《フ》 おか
1061 号《ゴウ》
1062 1063 号號《ゴウ》 さけぶ なづく
（⻊）などのアシヘンは184ページをみよ。

1064 1065 追《ツイ》 おう
1066 1067 決《ケツ》 きまる わかる
1068 1069 瓷《シ》 いしやき
1070 1071 哭《コク》 なげく
1072 1073 頭《トウ ズ》 あたま かしら かみ
1074 1075 臣《シン》 おみ
1076 1077 覧《ラン》 みる
1078 1079 臨《リン》 のぞむ

1080 1081 頤《イ》 おとがい
1082 1083 領《リョウ》 おさむ えり
1084 1085 臥《ガ》 ふす
1086 豎の俗字 竪《ジュ》 たて
1087 1088 腎《ジン》 むらと
1089 1090 竪《ジュ》 たて たつ
1091 1092 臨《リン》 のぞむ
1093 1094 塩鹽《エン》 しお
1095 1096 輿《ヨ》 こし
1097 1098 長《チョウ》 ながい

1099 1100 賢《ケン》 かしこい
1101 1102 飯《ハン》 めし いい
1103 1104 版《ハン》 いた
1105 1106 堅《ケン》 かたし
1107 1108 堅
1109 1110 師《シ》 かしら
1111 1112 帥《スイ》 ひきいる
1113 1114 追《ツイ》 おう
1115 1116 追
1117 1118 臣《シン》 おみ

154

I
1119 1120 1121 1122 1123 1124 1125 1126 1127 1128 1129 1130 1131 1132 1133 1134
片
監《カン》 かんがみる
鑑《カン》 かがみ
盥 たらい
鵆《コウ》 ちどり
片《ヘン》 かた
牖《ユウ》 まど
牒《チョウ》 ふだ
牋《セン》 かみ
1135 1136 1137 1138 1139 1140 1141 1142 1143 1144
牘《トク》 てがみ
版《ハン》 いた
候《コウ》 そうろう
候得者 そうらえば
御《ギョ・ゴ》 おん・お
御公儀様 ごこうぎさま
弐貳《ニ》 ふたつ
1145 1146 1147 1148 1149 1150 1151 1152 1153 1154 1155 1156 1157 1158 1159 1160 1161 1162
惑《ワク》 まどう
巡《ジュン》 めぐる
恐《キョウ》 おそれ おそる
醤《ショウ》 ひしお
姓《セイ・ショウ》 うじ かばね
始《シ》 はじめ
肝《カン》 きも
肝煎 きもいり
臨《リン》 のぞむ
條条《ジョウ》 えだ
1163 1164 1165 1166 1167 1168 1169 1170 1171 1172 1173 1174 1175 1176 1177 1178 1179 1180 1181 1182
状狀《ジョウ》 かたち
将將《ショウ》 まさに
畝《ボウ・ホ》 あぜ うね
臥《ガ》 ふす
帰《キ》 かえる
師《シ》 かしら
帥《スイ》 ひきいる
竪《ジュ》 たて
版《ハン》 いた
町《チョウ》 まち
1183 1184 1185 1186 1187 1188 1189 1190 1191 1192 1193 1194 1195 1196 1197 1198
牋《セン》 かみ
時《ジ》 とき
帰《キ》 かえる
懐懐《カイ》 おもう ふところ
忄はリッシンベン（忄）である。同類のものは75 162ページを参照のこと。
如《ジョ・ニョ》 ごとし ゆく
與与《ヨ》 あたう
嚮《キョウ》 むかう さき
以《イ》 もって
155

『くずし字解読辞典』

しかし、実際に『くずし字解読辞典』を使ってみると、こんなにすぐにお目当てのくずし字に行き当たることは、むしろまれかもしれません。

・これは、縦点だろか、それとも短い縦棒と見たほうがいいのだろうか。

・ここは、筆がはなれているけれど、かすれているのであって、横棒からの起筆なのだろうか。

・斜め棒に見えるけれど、縦棒なのだろうか。

などと、目の前の文書のくずし字を見ながら、そもそも、どのグループから探したらよいのかを迷ってしまうのです。そして、とにかく、片っ端から調べたり比べたりしていくことになるでしょう。

実際、先ほどの「候」も、私たちが見たページ以外にも、たくさんのページにそのくずしが載っています。つまり、「候」には、このほかにもたくさんのくずしかたがあるので、各グループにそれらが散らばっているのです。

『くずし字解読辞典』の後ろには、「音訓索引」があります。ここで「そうろう・候」を引いてみると、9・15・75・89・95・111・113〜117・141・154・155・218ページと、何と十五ページにわたって、「候」のくずしが載っていることがわかります。これを、各グループごとに分けてみると次のようになります。

1、縦点からはじまるグループ　9・15ページ
2、横点からはじまるグループ　75ページ
3、斜め棒からはじまるグループ　89・95・111・113～117ページ
4、縦棒からはじまるグループ　141・154・155ページ
5、横棒からはじまるグループ　218ページ

ということは、逆に言えば、不安に思いながらも、とにかく引いてみれば、どこかに似たくずしが出てくる。この『くずし字解読辞典』は、その可能性があるところには、とことん見た目に近い形で載せてくれている、と信頼できます。

紙の辞典を引きつくす、あれこれ考えながら時間をかけて調べる、ということは無駄なようでいて、実はとても地道に実力がつく方法です（《おすすめ　その6》55ページ）。ただし、似たような字がたくさん並んでいるわけですから、その中のどれが〝私が探している字〟なのかは迷うところで、判断するのには別の難しさがありますね。それについては第三章でお話したいと思います。

さて、第一章を終わるにあたって、今までお話してきた《おすすめ》について、次ページからまとめておきましょう。そのすべてでなくても〝これはできる〟〝この方法は自分に合っている〟と思われるものを、実践してみてください。

実践的・具体的な《おすすめ》

《おすすめ　その1》（10ページ）

マイ字典をつくる

＊読めたくずし字を、自分が見えたままに、真似して書く。

＊無理をせずに、読めた時に読めた字を、少しずつ足していけば、いつのまにか〝自分だけの辞典〟「マイ字典」になっていく。

＊ノートにインデックスをつけても、一文字ずつカードにしてもいいですね。

＊時々、パラパラと見返してみると、〝そうだった〟と思い出す。

＊自分が書いたものは、けっこう覚えています。忘れたら思い出せばいい、の心境で。

＊詳しくは『古文書はじめの一歩』『古文書はこんなに面白い』（柏書房）を参照。

《おすすめ　その2》（22ページ）

読めた字を最大限に利用して、さらに読める字を増やす

＊「読めない字」は、いつまでも気になるものです。

＊しかし、「読めた字」こそ、活用すべきです。

＊「いとへん」を手がかりに「紛」が読めたら、「分」の部分にも注目。

「分」  「何分（なにぶん）」 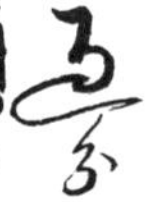 「過分（かぶん）」

 「当分（とうぶん）」  「領分（りょうぶん）」

「貧」  「貧民（ひんみん）」  「貧窮（ひんきゅう）」

 「貧富（ひんぷ）」  「極貧（ごくひん）」

「盆」  「盆暮（ぼんくれ）」  「盆踊（ぼんおどり）」

 「盆前（ぼんまえ）」  「盆中（ぼんちゅう）」

「躮」  いずれも「躮（せがれ）」

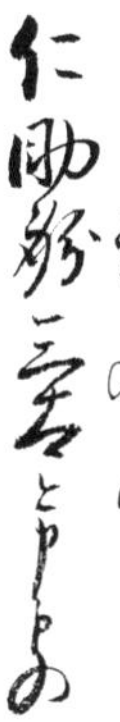

「仁助躮三太と申もの（にすけせがれ、さんた、ともうすもの）」

＊知らない字に出会った時、その一部に「分」がある！と気がつけば、しめたものです。

＊「分」を手がかりに、このように読める字が広がります。

＊どうしても「読めない字」は、いつか解明すべき〝宝物〟ですから、頭の片隅にいつも大切に置いておいてください。

＊「読めた字」の世界を広げていくと、不思議なことに、広げていった世界のどこかで、気になっていた「読めない字」につながって読めることがあります。そのほうが、かえって近道だったりします。

《おすすめ　その3》（28ページ）

くずし字辞典を〝練習問題〟や〝読み物〟として使う

＊「辞書は読み物」という言葉がありますが、〝くずし字辞典こそ読み物〟と、私は思っています。

＊引くだけではもったいない。読み物として「こんな表現があるのか」と、参考になります。

＊さらに〝くずし字辞典は問題集〟です。どうくずれているかだけでなく、用例や用語、それらの読みかたまで書いてあるのですから、こんなに便利なものはありません。

＊くずし字と読みを照らし合わせながら、練習問題集として使えます。読めるか読めないかを試しながら、自分自身で実力をつけていくことができます。

＊お手持ちの「くずし字辞典」を、もういちど見直してみてください。大いに利用しましょう。

《おすすめ　その4》（33ページ）

くずし字を読み古文書を理解するための三つの原則

1、じっとにらむ

とにかく、くずし字をよく見る。目をぐっと紙面に近づけて、どう書かれているか食い入るように見る。そして、次には距離をとって遠ざけて、全体を見る。

その一文字として見えるもの、前後の文字や文章から浮かび上がってくるもの、両面から見つめましょう。

2、真似して書いてみる

学ぶはまねぶ。真似すれば見えてきます。出てきたくずし字を真似して書いてみましょう。筆や鉛筆で書いてもいいですが、くずし字の上を「なるほど、こう書かれているのか」と、指でなぞってみるだけでも、じゅうぶん筆の動きがわかります。空中で、小さく、大きく、指先を動かして真似して書いてみてもいいですね。

3、声に出して読む

音読の効果は絶大です。声に出して読むということは、耳から聞くことにもなります。声に出し耳からも聞くことによって、古文書の言い回しに慣れ、独特のリズムに慣れてきます。次にどう書かれているか、どう書かれていなくてはおかしいかの見当もつきます。「候得共（そうらえども）」と声に出しながら、うまくいかなかったんだな、「候得者（そうらえば）」なら、うまくいったらしい、と文脈もとれます。

《おすすめ　その5》（39ページ）

言葉に出して唱えながら「起筆順」の辞典を引く

＊「偏や旁のくずしかたを知らなくても、起筆で引ける」「今まで読めなかった掛け軸の文字が、起筆を頼りに読めた」などと、『くずし字解読辞典』を大いに活用していらっしゃる声をお聞きした時は、私もこの辞典からスタートしただけに、自分のことのようにうれしいです。

＊一方で、「起筆順の辞典は探しにくい」「どう引いたらいいかわからない」「なかなか使いこなせない」と聞くと、とても残念で、何とか手助けできないかと考えます。

＊起筆順で引く時には、その読めないくずし字がどこから書きはじめられているかを、じっとよく見て、真似して書いてみてください。

＊その時、書きながら「横棒からはじまって……」とか「点から入っていて……」とか、口に出して言ってみると、五つのグループのどこから探すかを、まず決めることができます。

＊その次も同じこと、「横棒からはじまって、さらに横棒が続く」とか、「横棒からはじまって、それに交わる縦棒が二本」とか〝唱えてみる〟と、どのページから探したら効率がよさそうか、絞れてきます。

*詳しくは第三章で、実践していきましょう。

《おすすめ　その6》（49ページ）
紙の辞典を引きつくす

*紙の辞典の良さは何でしょう。

*ついつい、そのまわりも見てしまう。見えてしまう。

*目的を達しても、その項目の前後をついでに見て、「へえ……」と感心する。

*そのうち、自分が何を調べていたのかわからなくなって、笑ってしまうような寄り道をする。

*探すのに時間がかかって多少もどかしくても、「なかなか見つからない」と少々いらいらしても、それを上回るプラスαが知らず知らずのうちに身についていて、「そういえば！」と、いつか思わぬ力を発揮します。

*それが紙の辞典の良さであり、見えない財産ではないでしょうか。

では、次章に進みましょう。まず第一節で、本章で読めたくずし字の意味や背景を確認してから、「部首別画数順」の辞典の具体的な使いかたを述べていきます。

【第二章】「部首別」で引ける効率的

第一節 そう読んで意味が通じますか

①
②
③
④

前章で、これらはすべて「紛無二御座一候（まぎれござなくそうろう）」と読むことがわかりました。どんな意味でしょうか。

〝間違いない〟〝疑う余地のない確かなことだ〟といった意味ですね。

①と④は、それぞれ文政十（一八二七）年十一月と、元文二（一七三七）年十二月の「奉公人請状之事（ほうこうにん、うけじょうのこと）」から抜き出したものです。奉公するにあたって、奉公先に提出されたものです。地域も違い（①は下総国、④は山城国）、年代も九十年の差がありますが、ほぼ共通の形式で書かれた文書です。

①には、清吉さんについて、代々真言宗の円勝寺の旦那（檀家）に「紛無御座候」

④には、源六さんについて、代々浄土宗の阿弥陀寺の旦那（檀家）に「紛無御座候」

と、あります。なぜこの記載が必要だったのでしょうか。宗派と旦那寺を明記して、〝禁制のキリシタンではない〟ということを、請人（うけにん）たちが身元保証したのです。

②は、元禄十二（一六九九）年十二月二十七日の「宗旨寺請状之事（しゅうし、てらうけじょうのこと）」

③は、安政二（一八五五）年二月の「往来手形之事（おうらいてがたのこと）」です。

②では奉公に出るはるさんの、③では四国巡拝の旅に出る宇之助さんの身元を保証するために、それぞれの旦那寺が文書を発行しています（『そうだったのか江戸時代――古文書が語る意外な真実』柏書房）。

ここでの①から④は、いずれも、それぞれの人物についての記述を〝嘘偽りがない真実〟だと述べていましたが、「紛無御座候」が使われるのは、もちろん、人物の時だけに限りません。その前に書かれた事柄の内容や経緯について、それが間違いのない確かなことであると述べたい時に、「紛無御座候」が出てきます。

それを知っていると、多少、くずし字が読みにくくても、ここには「紛無御座候」が書かれているのだろう、そう書かれているとみるのが自然、そう読まないとおかしい、と見当がつくようになってきます。もちろん、思い込みはいけませんが、その可能性を知っていることは、文書を理解するうえでとても大切です。

なぜこんなお話をするかというと、本書は〝くずし字が読めるようになるために、どのようにくずし字辞典を使いこなしていくか〟を主眼としていますが、くずし字を読むためには、その一文字一文字にこだわり過ぎていると、かえって読み違えてしまうことがあるからです。

・まとまりとして読んで、意味が通じるか。
・声に出して読んでみて、口調が自然につながるか。
・前後の文脈や文書全体の流れと、齟齬がないか。

など、いろいろな角度から〝そう読んでいいのか〟〝字としては、そう見えるけれど、それでおかしくないか〟などと、検討することも必要です。

そうなのです。逆説的ですが、あまりにくずし字のくずれかただけにこだわっていて、「この字は、これにしか見えない」と決めつけてしまうと、読み間違えてしまって、文書が何を言おうとしているのかわからなくなることがあります。

文意が取れないような読みかたをしている時には、おそらく、くずし字を読みそこなっているのです。「この字にしか見えない」と思っても、他の可能性を考えるべきです。偏が少し変わったくずしかたをしているけれど……、旁のこの部分が少し足りないけれど……、ここは意味からしてこの字が書かれていると見るほうが自然だ。確かにそのくずしと見ても、納得できないわけではない……、などと検討することになります。

しかし、基本は何と言っても〝一文字一文字のくずし字をしっかり読む〟ことにあるには違いありません。そこのところが揺らいでは、何もはじまりません。他の可能性を考えるためにも、くずし字を正確につかむ〝目のつけどころ〟を知る必要があります。

ということで、本題に戻りましょう。本章の目的は〝くずし字の中にある部首を見わける〟です。部首こそが〝目のつけどころ〟なのです。知っていると、効率的にくずし字が読めるようになります。そのためには、どうしたらいいでしょうか。私は、たくさんの古文書に出会いながら、

- なるほど、「いとへん」はこうくずれているのか。
- こう丸まっていたら「かねへん」らしい。
- 「おおがい」は、この字でもこの字でも、こうくずれている。

と、気づいていきました。つまり、経験を積み重ねて自分のものにしながら、読めない字が出てくると、それを確認しながら補強していきました。

今は、部首が一目でわかるものが出ています。これを使わない手はありません。どの分野でもそうですが、そこまでの時点で到達している事柄は、それを批判するにせよ、オリジナルなものを付け加えるにせよ、知っておく必要があります。先人たちの知恵、研究の成果は把握して、どんどん使わせてもらいましょう。

第二節

部首のくずしが一目でわかる索引

〝部首のくずしが一目でわかるもの〟が、「部首別画数順」の辞典の「索引」です。

まずは、『古文書小字典』の「主要部首別くずし字索引」を見てみましょう（63～66ページ）。四ページにわたって、「へん」「にょう」「たれ」「かんむり」「かまえ」「つくり」「あし」のくずしが載っています。

最初に載っている【亻】は、「にんべん」のくずしですね。

これは、様々な古文書のくずし字から、「にんべん」の部分だけを切り取ったものです。

それらは、もともとどんな字だったのでしょうか。たとえば次のようなくずし字でしょうね。

 すべて「仍而（よって）」

 すべて「乍レ併（しかしながら）」

 すべて「難儀（なんぎ）」

ほかにも「にんべん」の字はたくさんありますから、実際の古文書の中から、いくらでも「にんべん」を拾うことができます。索引の【亻】は、それらの中の共通項と思われるくずしかた、典型的なパターンを載せたものです。

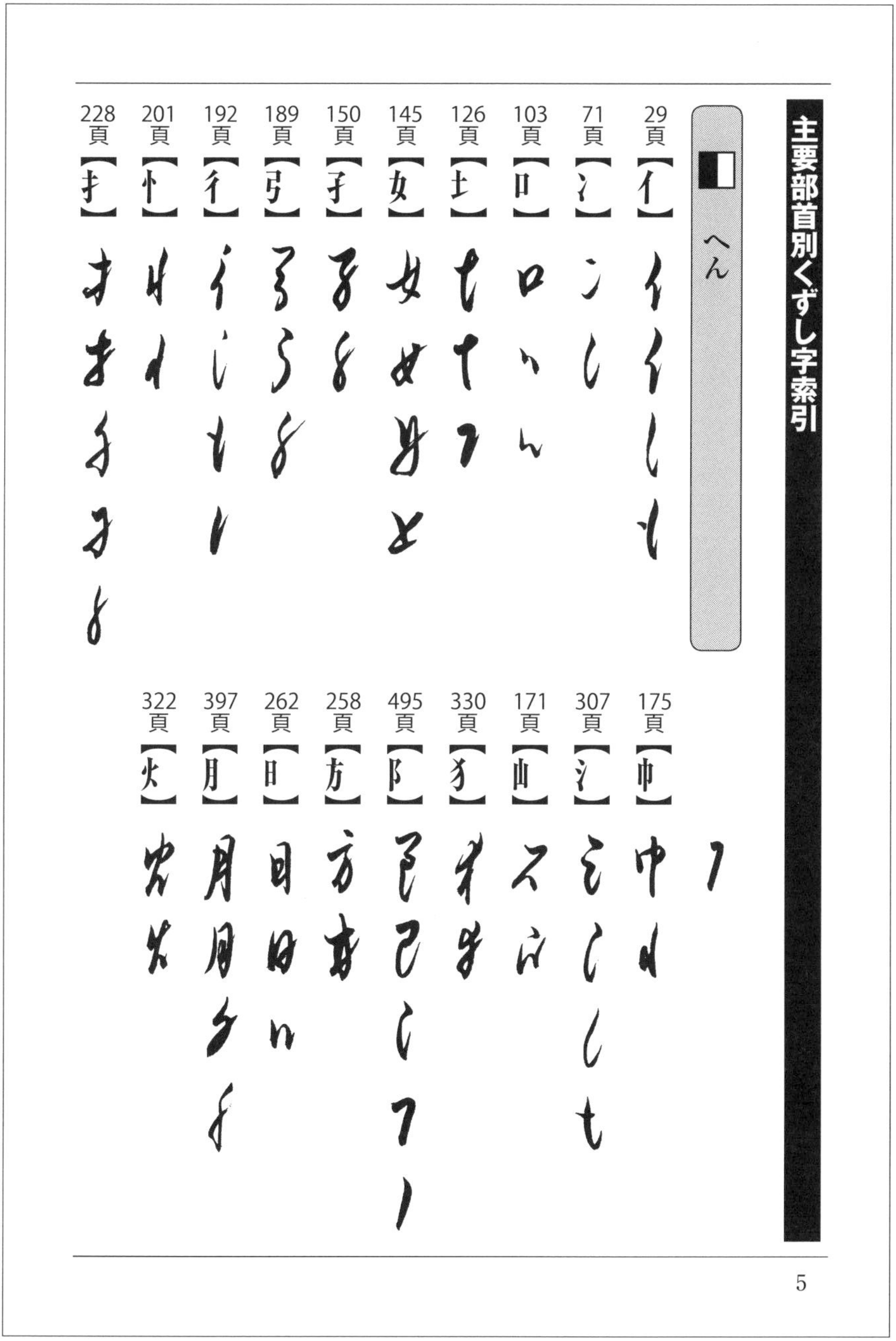

主要部首別くずし字索引

へん

【亻】29頁
【冫】71頁
【口】103頁
【土】126頁
【女】145頁
【子】150頁
【弓】189頁
【彳】192頁
【忄】201頁
【扌】228頁

【巾】175頁
【氵】307頁
【山】171頁
【犭】330頁
【阝】495頁
【方】258頁
【日】262頁
【月】397頁
【火】322頁

5

『古文書小字典』

282頁【木】
301頁【歹】
329頁【牛】
333頁【王】
354頁【礻】
357頁【禾】
366頁【立】
349頁【目】
353頁【石】
418頁【衤】
376頁【米】

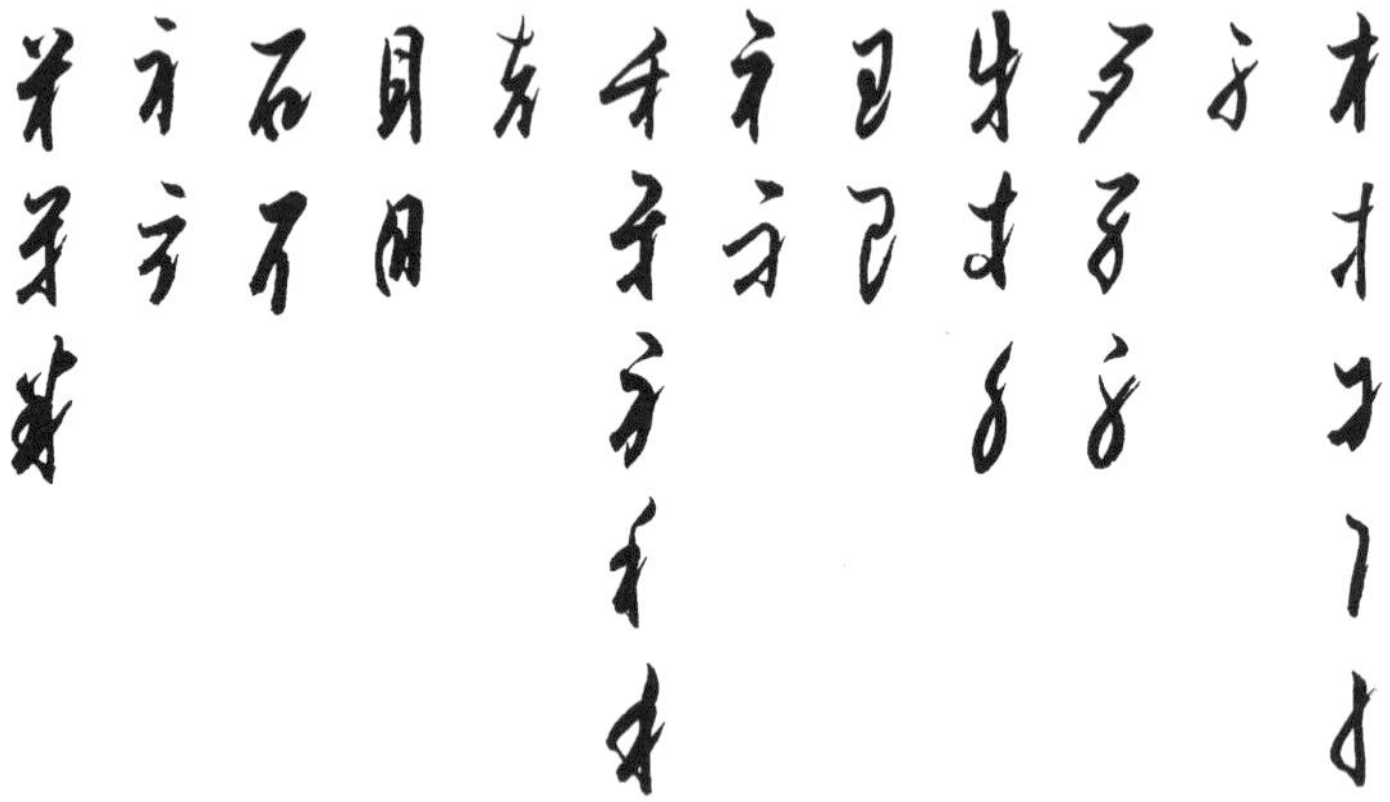

377頁【糸】
394頁【耳】
402頁【至】
405頁【舟】
454頁【⻊】
425頁【角】
427頁【言】
443頁【貝】
455頁【身】

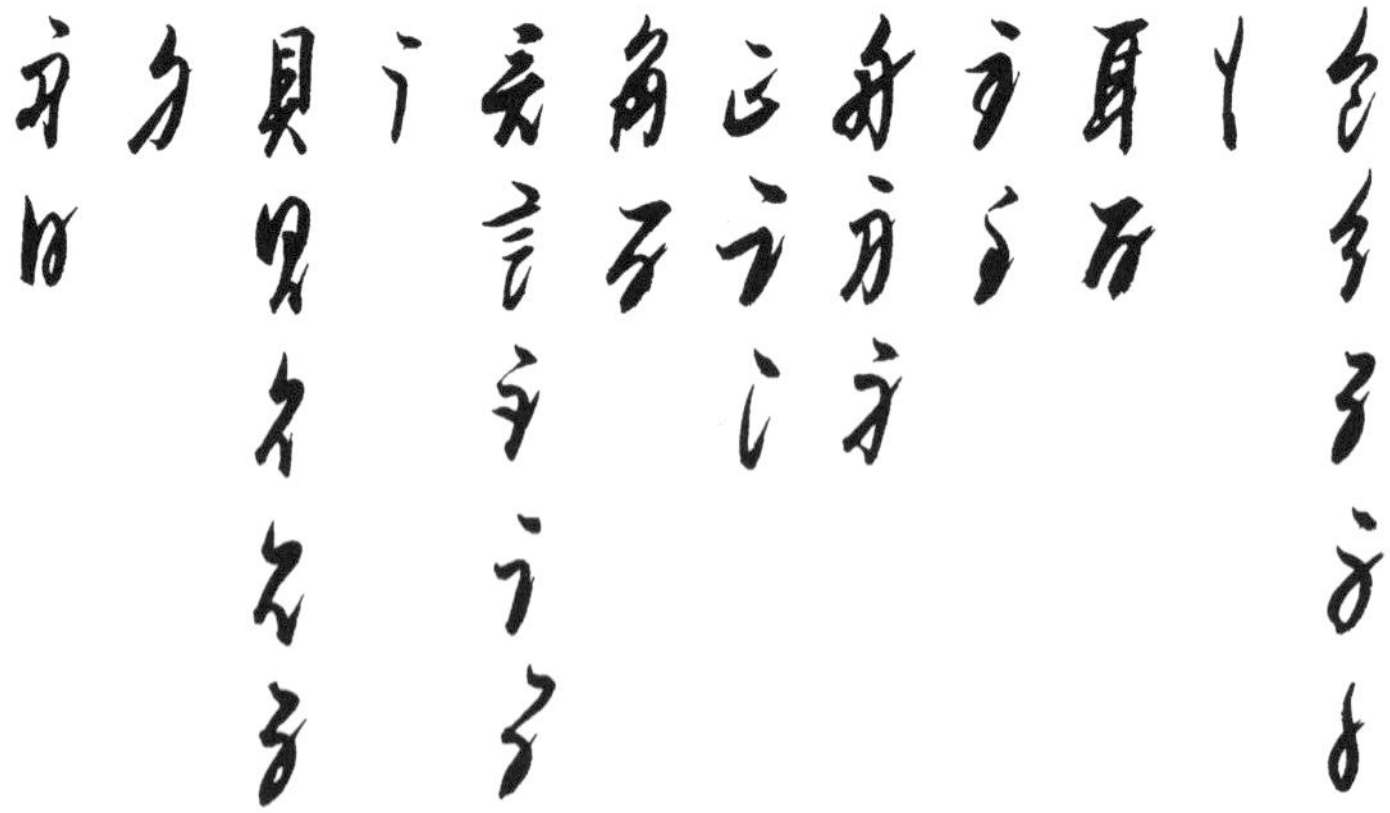

6

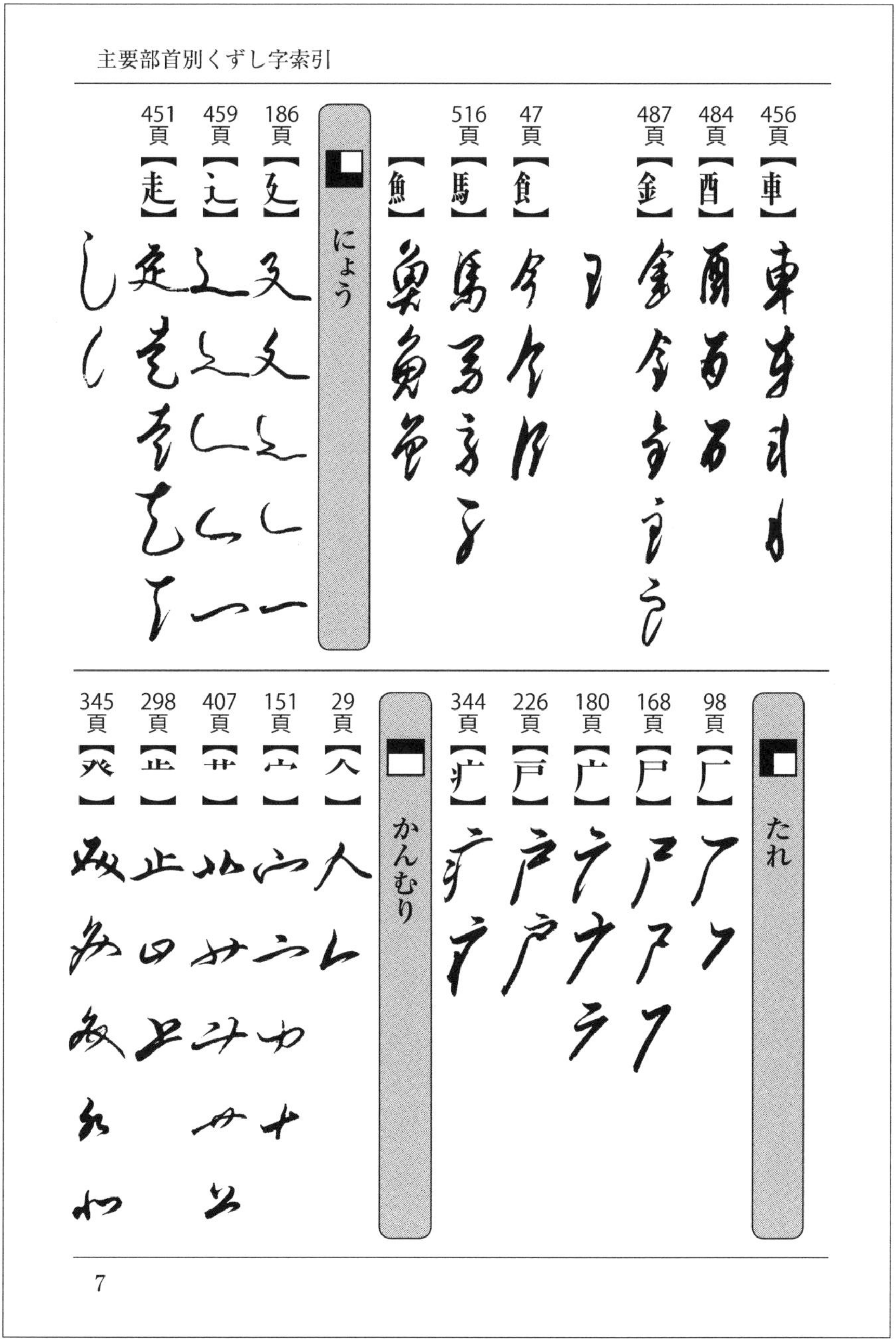
主要部首別くずし字索引

456頁【車】
484頁【酉】
487頁【金】
47頁【食】
516頁【馬】
【魚】

にょう
186頁【夂】
459頁【辶】
451頁【走】

たれ
98頁【厂】
168頁【尸】
180頁【广】
226頁【戸】
344頁【疒】

かんむり
29頁【入】
151頁【宀】
407頁【艹】
298頁【止】
345頁【癶】

7

368頁【竹】

503頁【雨】

かまえ

123頁【冂】

491頁【門】

つくり

76頁【刂】

96頁【卩】

192頁【彡】

481頁【阝】

249頁【攵】

256頁【斤】

295頁【欠】

277頁【月】

303頁【殳】

500頁【隹】

506頁【頁】

あし

322頁【灬】

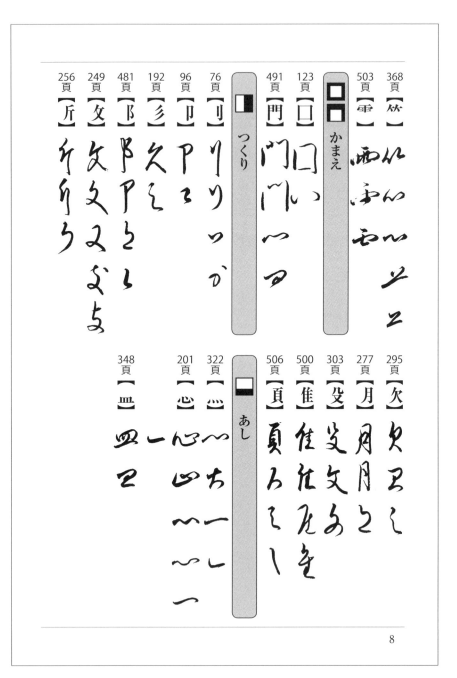

201頁【心】

348頁【皿】

右ページ最後の【皿】には、くずしのパターンが二つしか載っていません。「皿」は確かにこのようにくずれるのですが、もっとくずれるとどうなるでしょうか。探してみましょう。

「盃事（さかずきごと）」

「損益（そんえき）」

「盛衰（せいすい）」

「利益（りえき・りやく）」

の、くるっと丸まっている部分がなくなってしまって「乙」に見える「皿」、あるいは、ぐっと反りくり返った「一」になってしまったような「皿」が、文書の中に出てきます。

「盤」は、ひらがな読みで「は」ですが、次のようにくずれます。

【盤】

ここにも、くるっと丸まった部分は見られませんね。これでも「皿」です。

ここで、本章に入ってから初めての《おすすめ》です。**索引に書き込みをしましょう**。右ページ【皿】の下が空いています。もったいないですね。この空白に自分が見つけた「皿」を書き込みます。手はじめに、右で見たなどを真似して、早速書き込んでみてください。部首の財産が増えました。それとともに〝自分だけの索引〟になっていきます（《おすすめ その7》92ページ）。

書き込むのは、くずしの例が少ないところとは限りません。

一番初めの「にんべん」には**【亻】**と典型的なくずしが四つ載っていましたが、これとは違って見える「にんべん」に出会ったら、その下に書き加えます。さらに追加があれば、次の「にすい」との間にも、どんどん真似して書き込めばいいのです。ちょっと角度が違って書かれていたら、まるで違う印象に見える時もあるでしょう。それは、人によって違いますから、あくまでも〝自分基準〟でいいのです。

「こんなのがあった!」と採集していくうちに、「これとこれは同じだった、見えかたが違うだけで筆づかいは同じだった」などと見えてきて、頭の中も整理されていきます。

もちろん、部首解読のための新たな索引を、自分でいちから作ってもかまいません。そのほうがすっきりする、という方もいるでしょうが、せっかく手元に辞典がある場合には、それを利用しながら索引を完成させていく、といった気持ちで勉強を継続してくのもいいと思います。

さて、今まで『**古文書小字典**』の**「主要部首別くずし字索引」**を見てきました。

同じく「部首別画数順」の辞典である『**くずし字用例辞典**』で、これに当たるものはどれでしょうか。**【付録】扁旁冠脚のくずし方**が、それに該当するでしょう。辞典の後ろのほうに書かれています。その一部、「扁」のページを載せてみます。

〔付録〕扁旁冠脚のくずし方

扁《へん》

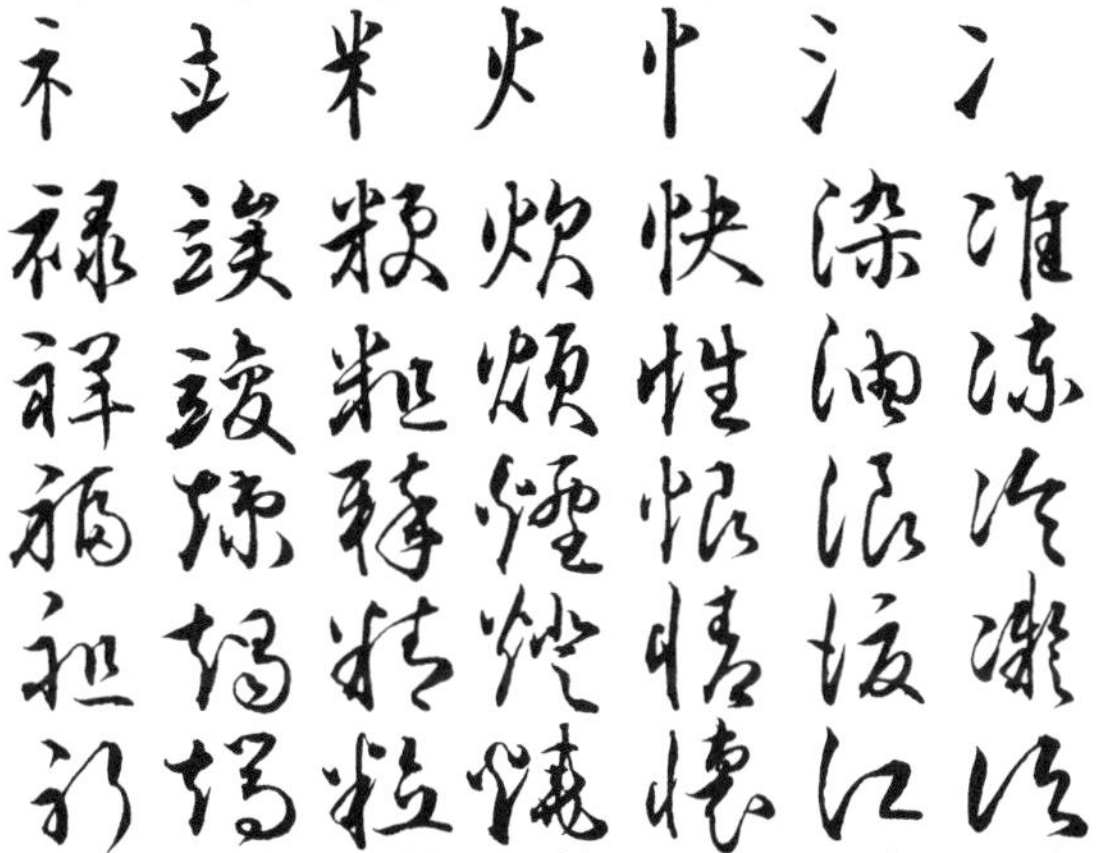

1 准凍冷凝次
2 淙油浪渡江
3 快性恨情懐
4 炊煩煙燈焼
5 粳粗粋精粒
6 竢竣竦竭端
7 禄祥福祖祈

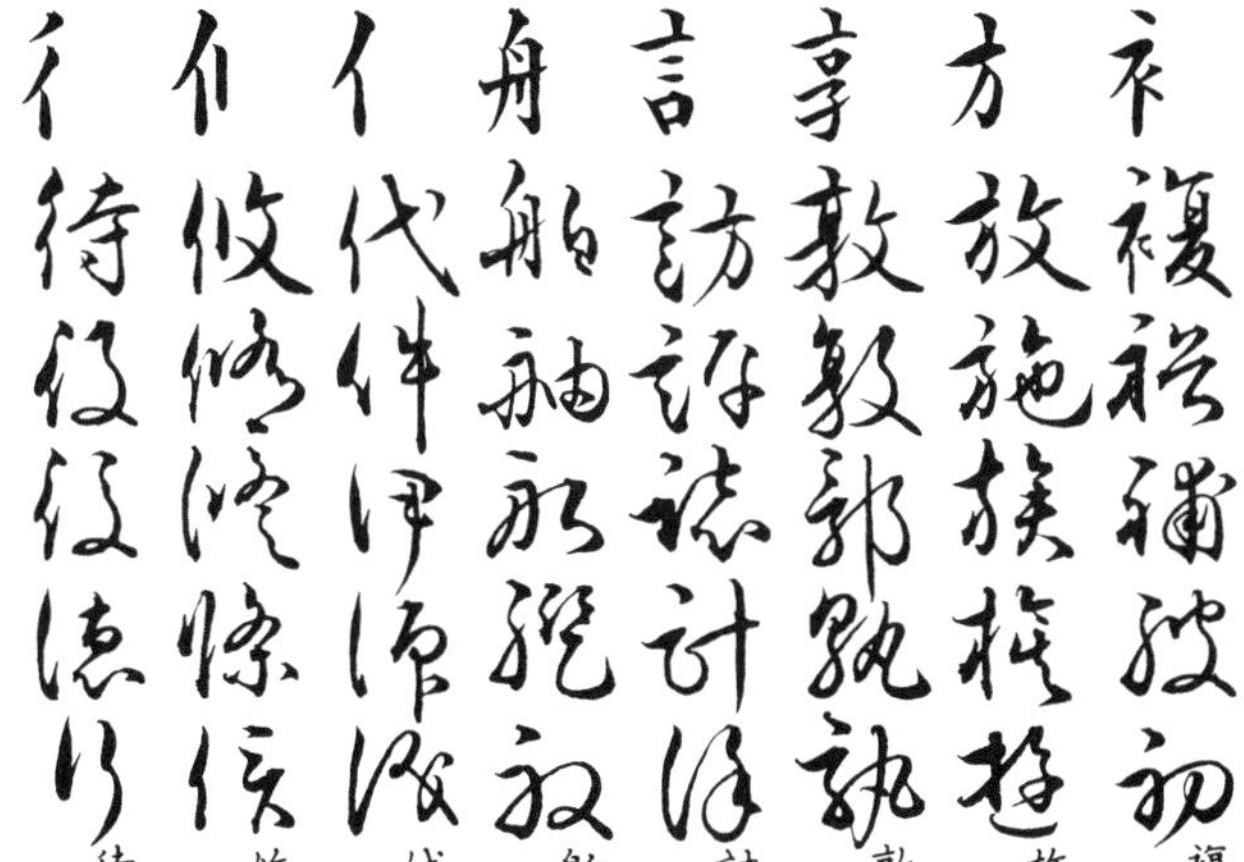

8 複裕補被初
9 放施族旗遊
10 敦敦郭孰孰
11 訪評誌計謹
12 舶舳船艦般
13 代件伊仰儀
14 攸脩修條候
15 待役後徳行

1295

『くずし字用例辞典』

番号	部首	例字
16	女	好 始 嫡 妙 如
17	糸	級 納 織 維 紙
18	犭	犯 狂 猛 猪 獲
19	牛	牲 牧 犠 物 特
20	禾	稲 穂 秋 利 和
21	食	餓 飾 館 飯 飲
22	金	欽 銀 鈴 鏡 銭
23	角	觴 觸 解 鮮 觚
24	魚	鯨 鮫 鮮 鮒 鯉
25	山	峻 崎 岐 峡 峰
26	巾	帽 帳 幅 帷 帆
27	虫	蚊 蛇 蛾 蝶 虹
28	口	吸 唱 嘲 嘆 鳴
29	足	趾 距 践 跡 路
30	日	昭 晩 暇 時 明
31	月	勝 脚 腰 服 肝
32	目	睡 睦 眺 眼 眠
33	骨	髄 髏 骼 骸 體
34	貝	貯 贈 財 賜 賤
35	弓	弘 弥 張 弧 引

1296

36 阝 陽 陵 陣 防 院

37 石 碎 研 礎 確 砂

38 歹 死 殖 殊 残 列

39 耳 聖 恥 職 聴 耶

40 酉 醜 酷 酔 酢 配

41 馬 驛 駐 騎 驗 馳

42 木 松 機 朽 校 相

43 扌 捨 持 揚 拙 折

44 土 地 増 境 坊 城

45 卓 乾 幹 戟 朝 朝

旁《つくり》

46 車 轉 輕 較 軸 軒

47 革 勒 鞋 鞍 鞭 鞘

48 𦰩 歎 歎 艱 難 難

49 堇 勤 勤 鄞 覲 覲

50 其 斯 斯 欺 期 期

51 甚 勘 勘 斟 斟 勘

52 王 珠 珍 理 現 玩

53 雚 觀 歡 勸 勸 觀

54 方 妨 坊 防 紡 訪

1297

なるほど、全然違いますね。それぞれの特徴があっていいですね。まとめてみましょう。

	『古文書小字典』「主要部首別くずし字索引」	『くずし字用例辞典』［付録］扁旁冠脚のくずし方
部首の字は	実際のくずし字から拾ったもの	実物を模写したもの
どの部分	部首のくずしだけを載せている	くずし字全体と読みを載せている
索引として	字典本体を引く索引として使える	ページ表記がなく本体と連動していない
偏の数	45	53
部首全体の数	76（177）	201（231）

これはもう、別物としてそれぞれを使いこなすのがいいですね。

「部首のくずしを知ってほしい。これを手がかりにしたら、くずし字は読めるのだから。」としているのが、文字通り「部首別画数順」の『古文書小字典』。その**「主要部首別くずし字索引」**は、字典への入り口になっています。ページ数が載っていますので、索引として機能し、字典本体と直結しています。しかも、これさえ知っていればたいていの古文書は読めるという部首76に絞ってあります。『古文書小字典』に載っている漢字の部首は、全部で177（「部首索引」30・31ページ）ありますが、その中で、特徴があって頻出する、重要な部首が探せるようになっています。

一方の『くずし字用例辞典』は、部首のくずしかたについては、ある程度知っているとして、「漢字部首索引」（14・15ページ）からページを開くことになります。**［付録］扁旁冠脚のくずし方**は、あくまで巻末の［付録］ですから索引ではありません。そのかわり、書かれている数がすごい。201の部首が載っています。しかも、字全体とその読みが書かれていますから、これもうれしいですね。

先ほど、『古文書小字典』の**「主要部首別くずし字索引」**については、書き加えていって「マイ索引」にしていきましょう、というお勧めをしました。〝世界にひとつしかない自分仕様の索引〟が少しずつできあがっていき、それと同時に古文書が読めるようになっていきます（**《おすすめ　その7》**92ページ）。

『くずし字用例辞典』のほうはどうでしょうか。**［付録］扁旁冠脚のくずし方**は、くずし字を読むための最高の練習問題になります。**扁旁冠脚のくずし方**とは言いながら、偏や旁だけでなく文字全体のくずしが書かれていますから、部首と、文字全体の両方を学んでいくことができます。

一番最初に書かれている「にすい」を例にとって、練習問題として実践してみましょう。

1 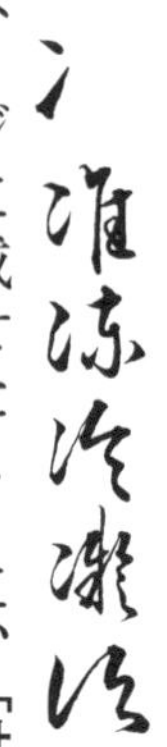

69ページに載せたように、**【付録】扁旁冠脚のくずし方**本体には、この下に読みが書かれていますが、ここでは省きました。『くずし字用例辞典』で実際にこの練習をする時には、下に書かれた読みを指や紙で隠してください。その上で、

- まず、テーマの「にすい」。上から下まで、五例の偏のくずしかたに注目しましょう。

二画が独立して見えるか、スッとおりて縦一直線になっているかのどちらからしい、とわかります。

- 次に、「にすい」の例として挙げてある五つの漢字が読めるかどうか挑戦！

は「ふるとり」だから「准」。

は「東」に見えるから「凍」。

は「今」に似ているけれど、「今」のくずしより点がひとつ多い。だいたい「にすい」に「今」はないだろうから、「令」のほうで「冷」かな。

など、一文字一文字、予想しながら読んでいきます。無理せずに、その時の自分が読める範囲で試してみます。

- そして、隠してあった読みを開けて、確かめてください。

・さらに、それぞれの字を指でなぞったり、鉛筆で書いてみるといいですね。

これを、201部首×5文字、練習できるのですから、相当の力がつきます。一日にいくつ、と決めて継続していってもいいですね。いろいろな学びかたが、工夫できそうです。201部首の中には、厳密には部首という範疇に入らないものもありますが、逆に、くずし字を学ぶ上で、漢字の一部として大切なひとかたまりを載せています。

もちろん、初心者の方は、こんなことはとても無理だと思われるでしょうし、ここでいやになってしまってはいけませんから、後の楽しみに取っておいてください。

くずし字にだいぶ慣れてきた方、腕に覚えのある方は挑戦してみてください。きっと、いろいろなことに気づかれるのではないでしょうか。

たとえば「にすい」の例で言うと、

・は、とても「疑」に見えないけれど、本当にこうくずれるのかな

・も、これで「欠」なのだろうか

などと、思われるかもしれません。

そんな時こそチャンス。それこそ、「疑」や「欠」を、『くずし字用例辞典』本体、あるいは『古文書小字典』などで引いてみるといいですね。納得できたり、新たに疑問がわいてきたりして、さらに探究の枝葉が広がっていくことと思います。

第三節

どの部分が部首か

『古文書小字典』の**「主要部首別くずし字索引」**と、『くずし字用例辞典』の**［付録］扁旁冠脚のくずし方**。前節ではそのそれぞれの特徴を見ながら、部首索引からの入りかたと活用法についてお話をしました。

〝くずし字辞典がうまく引けない〟〝使いこなせない〟〝探したい字が出てこない〟という歯がゆい思いが、少し解消できたでしょうか。読めないくずし字の中の、部首のくずしに注目して、「ごんべん」の字らしい、と気づけば、「ごんべん」のページを開いて、その字を探すことができるのです。

これは、古文書を何年も読んでいる方にとっては、いつも自然にやっている、ごく普通の「部首別画数順」のくずし字辞典の使いかたですね。しかし、初心者の方にとっては、そもそも、くずし字の中のどの部分が部首なのか、それを見つけるのが大変です。なにしろ、くずし字は、筆でスラスラっとつながって書かれているのですから。

まずは、そのくずし字が、上下で構成されているのか、左右で成り立っているのか、そのどちらでもないのか、見極める必要があります。試しに、左の問題をやってみてください。

？かくれんぼ！ 見つけよう！ 練習問題 6

次のくずし字①から⑱は、それぞれどのような部分から成り立っているでしょうか。

A、上下［冠（かんむり）、脚（あし）など］

B、左右［偏（へん）、旁（つくり）など］

C、その他［構（かまえ）、垂（たれ）、繞（にょう）など］

ここでは、何偏（なにへん）か何冠（なにかんむり）かなどは、ひとまず気にしないことにして、まずは漢字の構成に注目して、AかBかCかを判断してください。

さて、どうだったでしょうか。「見たとたんにわかった」でしょうか。「意外に難しかった」でしょうか。

解答を示してみると、次のようになります。

① C	② A	③ A	④ B	⑤ C	⑥ B
⑦ C	⑧ B	⑨ A	⑩ C	⑪ A	⑫ B
⑬ A	⑭ B	⑮ C	⑯ C	⑰ A	⑱ B

なぜそうなるのか、もう一度じっくり見てみましょう。

左は、それぞれのくずし字が上下・左右・その他に分かれて見えるように、その一方に網を掛けたものです。網を掛けた方が、その字の部首です。

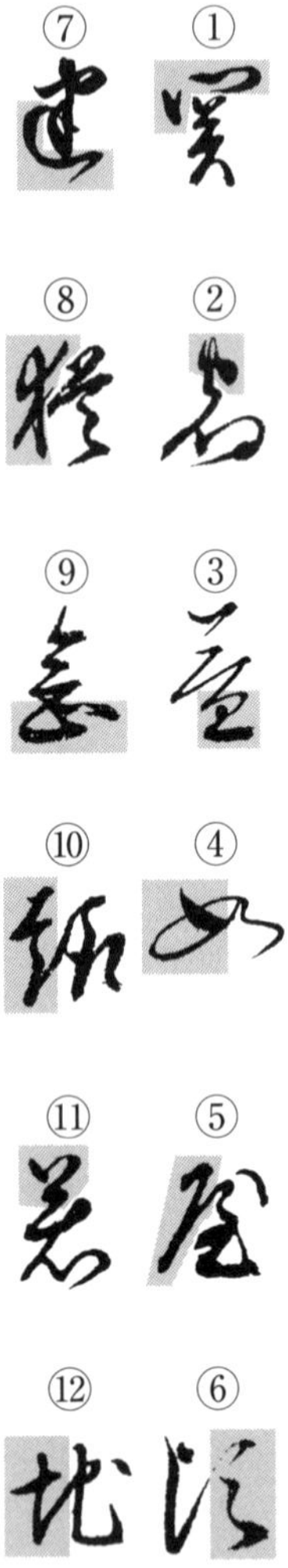

構成ごとにそれぞれのくずし字を分けてみると、次のようになります。

A、上下

B、左右

C、その他

くずし字の構成がこのように〝見える〟ことはとても大切で、そうなってきたらしめたものです。それぞれの部首を、その字を解明していくための手がかりにすることができるからです。もちろん、部首ではない部分の方がヒントになる場合もあるでしょう。

35　第一節✣上下・左右などの部分に注目しよう

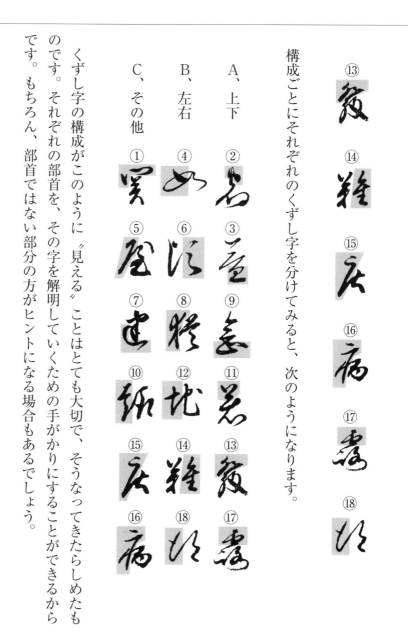

いきなり**練習問題6**が出てきましたので、びっくりなさったと思います。

これは、『古文書くずし字　見わけかたの極意』（柏書房）という本で、私が作った問題です。くずし字を見わける力、どこに目をつければくずし字が字として見えてくるかをわかりやすく説きたい、と工夫したものです。言い換えれば、部首を見つけるための第一歩です。

解いてみて、どうでしたか。何が何だか、まだ目のつけどころがわからない方から、問題を見たとたんに①から⑱まですべて読めてしまった方まで、いろいろな方がいらっしゃることでしょう。「C、その他」って何だろう、と思ったり、「ほとんど読めるけど、⑦⑧⑬は何の字だろう」と指でなぞった方もいるかもしれません。

「今まで、上下・左右・その他などという発想をしたことがない」「それでも、自然に読めていた」と思われた方も、部首別の辞典が引けていたなら、頭の中では、くずし字の各パーツをしっかり見つめていた。だからこそ、部首別の辞典が使えていたことになります。

逆に、部首別を引けない場合、これを見極められていないことが多いです。ここに挙げた例は、比較的くずれていない、どちらかというと読みやすい字ですが、それでも見わけるのは、なかなか難しいですね。左に、部首と読みを書いてみます。

A、上下

②  「うかんむり」宿

③  「さら」益

⑨

「したごころ」念

⑬

「はつがしら」発

B、左右

④
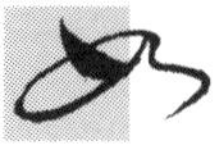
「おんなへん」如

⑧

「けものへん」猶

⑭

「ふるとり」難

C、その他

①

「もんがまえ」関

⑦

「しんにょう」迷

⑮

「まだれ」庄

⑪

「くさかんむり」若

⑰

「あめかんむり」露

⑥

「おおがい」頃

⑫

「つちへん」地

⑱

「ぎょうにんべん」得

⑤

「しかばね」屋

⑩

「そうにょう」趣

⑯

「やまいだれ」病

練習問題６の漢字①から⑱の網がかかった部分、これこそが部首別の辞典を引くための鍵になる部首です。これが見えてきたら、しめたものです。

「もちろん、部首ではない部分のほうがヒントになる場合もあるでしょう。」（79ページ最後の行）とは、何を言っているのでしょうか。

たとえば、⑪は、部首は「くさかんむり」ですが「右」のほうが読めてしまって、「若」だと見当がつく場合もあるでしょう。

同様に、⑨のは「したごころ」ですがは「今」のくずしが書かれています。

⑮のは「まだれ」では「土」。このように「土」が下に書かれていることがわかると見えてくるくずしには「堅」「墨」「在」などがあります。

⑫の「つちへん」は左に書かれた「土」ですね。右のほうのは「也」のくずしです。これが読めると、「池」「他」「馳（はせる）」も読めてきます。

⑰の場合は、三段構えですね。「あめかんむり」の下は「路」。それを左右で見ると「あしへん」と「各」です。

特には〝「ごんべん」のように見える「あしへん」〟（ここでは縦棒が短いですが）です。「あしへん」には、「ごんべん」に似ているくずしもあれば、「正」のくずしに似ているくずしもあります。

このように、くずし字の世界はどんどん広がっていきます。

とにかく、くずし字をよく見て、その各部分に注目してください。それが部首であれば、似たものを索引で探して「部首別画数順」の辞典で引けます。部首でなくても一部分が読めたら、それが手がかりになります。たとえば、左のアからエを読んでみましょう。

ア

イ

ウ

エ

ア　馳走ケ間敷儀（ちそうがましきぎ）
イ　馳走ケ間敷義（ちそうがましきぎ）
ウ　馳走之様子（ちそうのようす）
エ　馳走仕候（ちそうつかまつりそうろう）

同じような表現が並んでいましたね。82ページ⑫でお話した「也」を含む「馳」が使われている箇所を、いろいろな古文書から探してみました。

面白いもので、現代文にはよく出てくるのに、あまり古文書には出てこない字があります。逆に、私たちが普段そう使わないのに古文書にはよく出てくる字もあります。「馳」などは、まさにその例でしょうね。文書の中で見かけた方も多いのではないでしょうか。

㋐「馳走ケ間敷儀（ちそうがましきぎ）」は、よく出てくる表現です。どんな所で使われているのでしょうか。その前後を少し載せてみます。

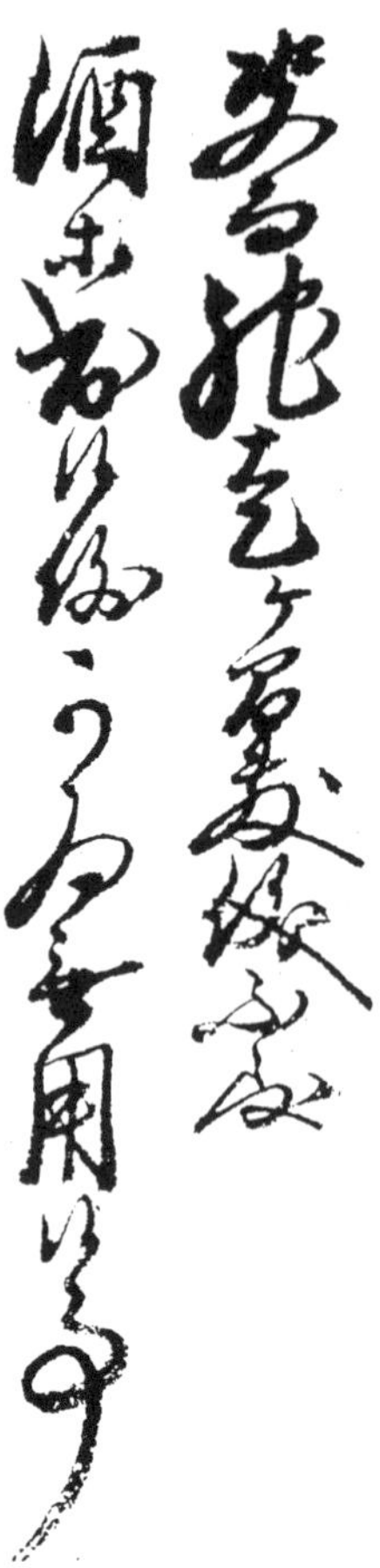

決而馳走ケ間敷儀不レ致、酒等出候儀可レ為二無用一候事、
（けっして、ちそうがましきぎ、いたさず、さけなどだしそうろうぎ、むようたるべくそうろうこと）

〝絶対にご馳走を振る舞うようなことはしてはいけないし、お酒などを出す必要もない〟

と書かれています。

これは、役人たちが検分するのに先駆けて、安政二（一八五五）年五月十九日に、村々の庄

屋・年寄に宛てて出されたものです。順々に村をまわるが、検分の武士たちに対して饗応する必要はない、としているわけです。実態としては、おそらく、季節の美味しいものやお酒を出して接待していたからこそ、このような文書が出されたのでしょう。

㋑は、次のように続いています。

「馳走ケ間敷義、無㆓御座㆒様（ちそうがましきぎ、ござなきよう）」。いつにも増して質素倹約が唱えられた、天保の改革期の婚礼に関する文書に書かれていたものです。

㋐と㋑の文書のように、「馳走」は禁止の言葉とともに使われていることが多いです。それに対し㋒と㋓は「馳走」されている例で、どちらも漂流に関する文書で見つけました。

㋒は、阿波国撫養（あわのくに、むや）を弘化元（一八四四）年の暮れに出航して、江戸に向かった廻船です。太平洋上を漂流し、やっとのことで鳥島に漂着し上陸しました。その後、たまたまやってきたアメリカの捕鯨船に助けられます。異国船に乗り込んだ日本人たち十一人銘々に、異国人たちは、水や食べ物を振る舞ってくれました。虫食いで読みにくいところがありますが、㋒は

「馳走之様子（ちそうのようす）」でいいでしょうね。

その後、さらに太平洋上を漂流していた南部船の十一人も助けられます。そして、日本を目指した異国船は房総半島の館山洲崎（たてやま、すのさき）に着き、老中首座阿部正弘の決断のもと、ペリー来航の八年前、幕府は開港前の浦賀で、漂流者たちを引き取ります。

㋓は、㋒よりおよそ百年前の漂流です。宝暦七（一七五七）年九月、大坂から荷物を積んで出航した、志摩国鳥羽（しまのくに、とば）の小平次をはじめとする六人乗りの廻船が、伊勢沖で漂流します。この船は、どこまでも東に流されたと思ったら、今度はひたすら西に、そして北に……と、暴風に翻弄されながら流され続け、台湾にたどり着きます。さらにそこから、中国大陸に連れて行かれ、長崎に戻るという壮大な旅をします。㋓「馳走仕候（ちそうつかまつりそうろう）」は、南京での様子が書かれた箇所です。

周りを海で囲まれた日本は、漁船にしても廻船にしても、いつも海難事故と隣り合わせでした。漂流の古文書は、たくさん残っています。そこからは、逆巻く海で、船の安定を保つために積み荷を捨て（打荷・刎荷・捨荷）、帆柱を切り、何とか暴風雨を凌ごうとする必死の姿が読み取れます。また、水主（かこ、船乗り）たちは、初めて異国人に出会って、最初は驚き恐れるのですが、身振り手振りで意思疎通し、どんな事態にも状況を見極めてしっかり行動していきます。彼らの知恵と勇気には感心させられ、異国人たちとの交流にも心を動かされます（『絵で学ぶ古文書講座――漂流民と異国船との出会い』柏書房）。

漂流を終えて無事に戻ってきてから、奉行所で受けた取り調べの口書（くちがき）などに残っている、彼らの記憶の細かさと確かさ。見たもの聞いたこと体験したことをしっかり記憶して、それらを表現できる力。黙っておいたほうがよいことには言及しない賢さなど、古文書から浮びあがってきます。

しかし、古文書が残り詳しい事情がわかるのは〝生きて戻ってこられた人がいたから〟こそ、のことです。漁船や廻船の漂流では、その何倍も何十倍も、不幸にも戻れなかった人たちがいたと考えられます。

すいぶんたくさん、お話をしてしまいました。

くずし字を読めるようになったら、広く深く面白く興味深い古文書の世界が待っています。そのために、くずし字辞典を引きこなせるようになりたいですね。「偏」や「旁」などの部首に慣れ、また部首以外のいろいろな部分のくずしの知識も応用しながら〝頭の中のくずし字の引出し〟を充実させていってください。

もしご一緒に勉強している仲間がいたら、それらの経験と知識をお互いに共有して増やしていけるといいですね。

第四節

似ている部首がいくつかある

今まで見てきたように〝部首に注目する〟ことが、辞典を引く上でも、古文書を読む上でも鉄則です。しかし、似ている部首のくずしは、けっこうあります。なぜかというと、活字ではまったく違う部首も、くずれると同じようになってしまうからです。

「なんだ、がっかり」「それでは、部首別の辞典が引けない」でしょうか。そんなことはありません。むしろ、それを逆手に取っていきましょう。〝何と何は似ている〟という情報さえ持っていれば、読めていきます（《おすすめ　その8》94ページ）。

それを、「部首別画数順」の辞典の索引から見ていきましょう。

左ページは、63ページで見た『古文書小字典』の「主要部首別くずし字索引」の一ページ目です。この中にも似たくずしが見られます。たとえば、

- 網をつけた箇所。〝縦棒に点〟とでも名づけましょうか。「にんべん」「ぎょうにんべん」「さんずい」に見られます。
- □で囲んだ箇所。〝縦棒の左に短い縦棒〟。これは、「りっしんべん」と「はばへん」ですね。

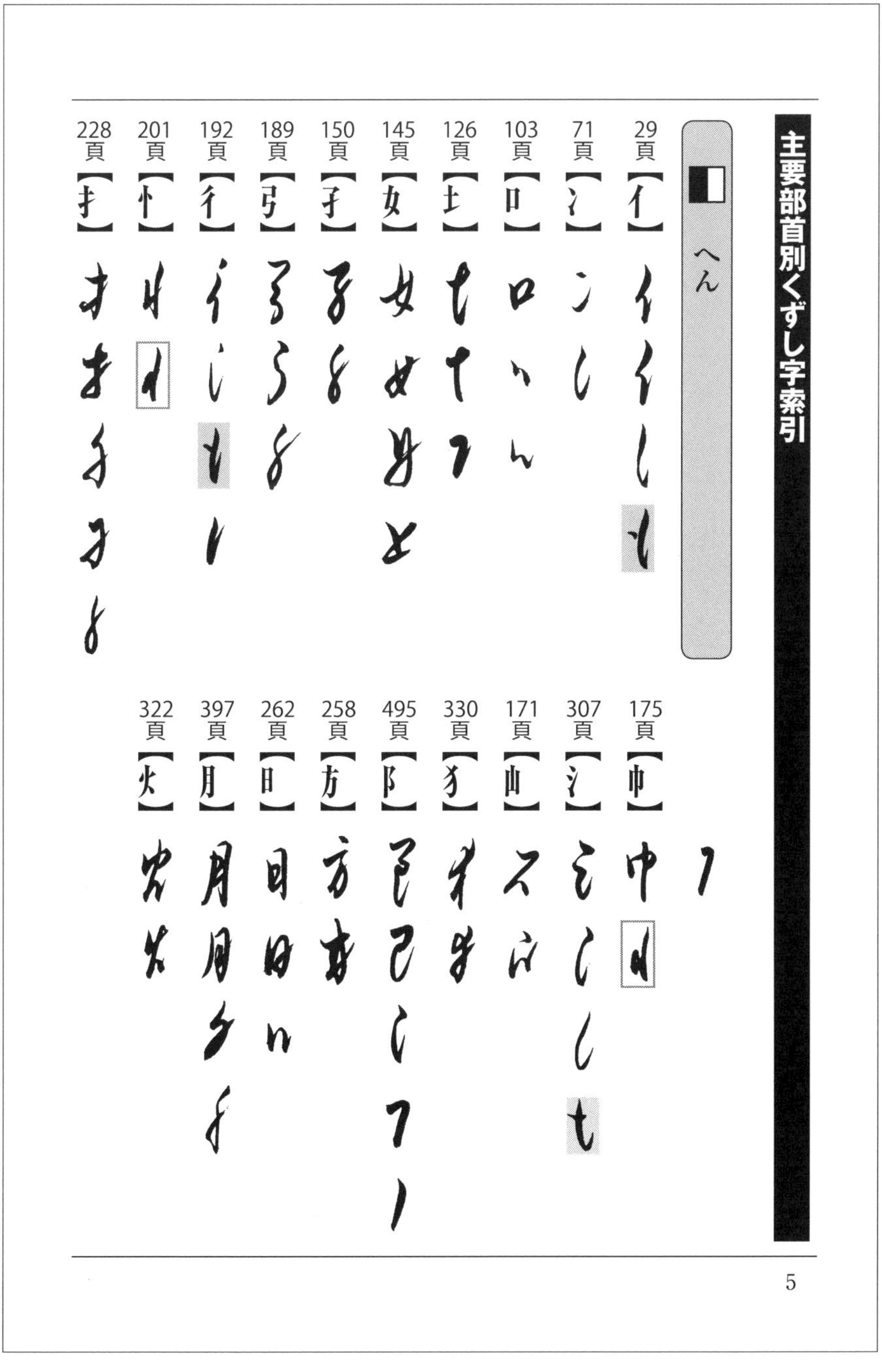

主要部首別くずし字索引

へん

5

辞典を引く場合、やみくもに引くより、可能性が大きい部首から引いていきたいですね。〝縦棒に点〟だったら、「にんべん」「ぎょうにんべん」「さんずい」のうちのどの可能性が大きいかを予想し、そのどこから探しはじめようか、と考える。考えるための材料は、まず、その字の右側の部分がどう書かれているかです。例を挙げてみましょう。

右側は「忝」のようですね。早速「にんべん」「ぎょうにんべん」「さんずい」に、それをつけてみます。

「⿰亻忝」……あるかもしれないが、あまり見たことがない。

「⿰彳忝」……これも、お目にかからない。

「添」……この字はある。「そえる」「添付の添」。

これは「添」の可能性が高いな、と思いながら、その前後の文字や文章とつなげて、きちんと意味が取れるかを見ます。

「差添（さしそえ）」と読んで意味が通じます。

早速、「部首別画数順」の辞典の「さんずい」のところの「添」を開いて、「添」でよかったかどうかを確認します。確認できたら、ついでに他の用例なども見ておきましょう。

「りっしんべん」と「はばへん」でもそうですね。

の部分を「長」と読めると、

「悵」……ふだん、あまり使われない字だ。

「帳」……これならある。そう思って読んでみると、

「名寄帳（なよせちょう）」らしい。早速、「はばへん」の「帳」で確認しよう、となります。

もちろん「忝」や「長」がまだ読めない場合には、前後の言葉や文脈から類推しつつ、可能性のある部首を片っ端から引くことになるでしょう。それは、とても手間がかかりますが、少しずつ読めるようになってくると、いろいろな知識が総合されて、加速度的に能率があがっていきます。大変な一時期を、工夫して楽しみながら乗り切ると、知らず知らずに力がついていて、あのころは大変だった、と懐かしく思えるようになります。

《おすすめ　その7》（67ページ）

部首索引に自分で書き足して〝マイ索引〟を作っていこう

＊教科書には書き込まない、辞典はきれいに使う、という主義の方にはおすすめできないのですが…。私は、余白にぎっしり書き込む派です。

＊辞典というものは、よくできています。しかし、〝自分にとっては未完成品〟〝まだまだ、改良の余地がある〟と、考えてはどうでしょうか。

＊既成の部首索引をうまく利用して〝マイ索引〟を作っていきましょう。そこに、付け加えていけばいいのです。

＊活字と違って、くずし字は、見る人によっても見えかたが違うものです。

＊自分がくずし字を読みはじめた時と、慣れてきた時では、また見えかたが違ってきます。

＊「これと同じだ」というくずしが、初めから辞典の部首索引に載っていれば、加える必要はありません。

＊「どう見ても同じに見えない」「この辞典では、拾ってくれていない」と思ったら、文書のくずしをよく見ながら、自分の手で書き加えていきましょう。

＊うまく真似できなくても、自分の辞典ですから遠慮はいりません。そのうち、自分でも

びっくりするほどじょうずになっていきます。

＊左は、いろいろな古文書から「熟談（じゅくだん）」と書かれたものを拾ってみました。

①  ②  ③ 

②③の「灬（火・れんが）」はよいとしても、①はどう見ても「心（したごころ）」に似ています。

④  ⑤  ⑥ 

これらは「風烈（ふうれつ）」ですが、④⑤も「心（したごころ）」に見えます。

＊早速〝マイ索引〟に書き込みましょう。

あし

322頁【灬】

201頁【心】

348頁【皿】

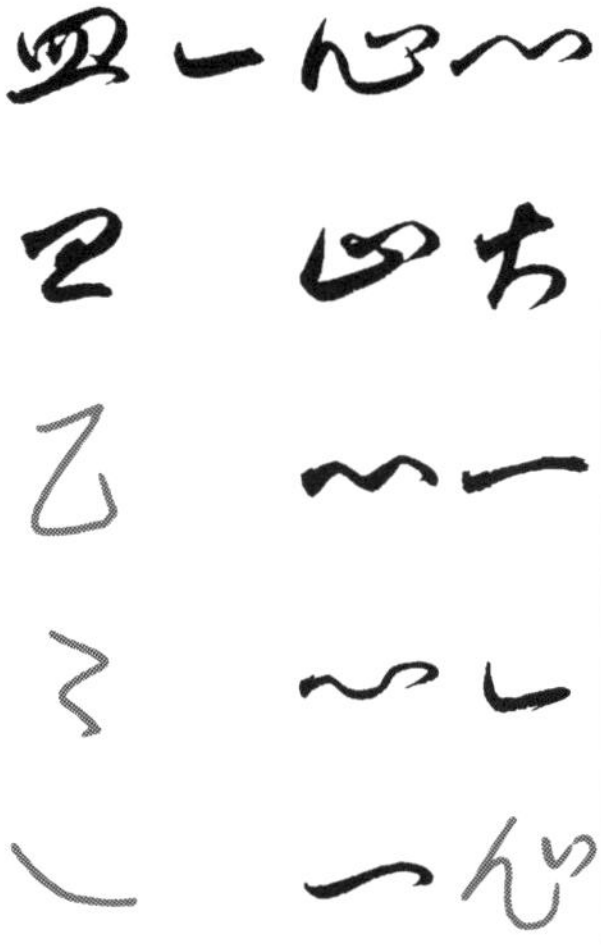

《おすすめ　その8》（88ページ）

部首の目利きになろう

＊第四節でお話したように、「こうくずれていれば、必ず何偏」あるいは「何冠は、絶対にこうくずれる」とは決まっていません。

＊部首のくずれかたは、一対一対応ではありませんし、必要十分条件でもありません。

＊しかし、決して無秩序ではありません。でたらめにくずれているわけではありません。

＊部首の目利きになっていきたいですね。本文でご紹介した以外の〝似たもの部首〟を挙げてみますね。

＊「てへん」と「きへん」

「折柄（おりから）」

「相掛り（あいかかり）」

「ごんべん」と「あしへん」

「裁許（さいきょ）」

「通路（つうろ）」

「しんにょう」と「えんにょう」

「村送り（むらおくり）」

「廻村（かいそん）」

「したごころ」と「れんが」は、《おすすめ　その7》で見ましたね。

「御慈悲（ごじひ）」

「熟談（じゅくだん）」

＊部首以外の部分や、前後の意味・文脈なども考えながら、その字が何なのか総合的に読み解いていってください。

【第三章】

見当がつかない時には「起筆順」

第一節

言葉にして声に出しながら探す

いよいよ「起筆順」の辞典に入ります。といっても、『くずし字解読辞典』の構成などについては、すでに第一章第三節で見ました。どんな特色があったか、振り返ってみましょう。

☆「何がなんだかわからない」「何がどうくずしてあるのか見当がつかない」「どこに部首があるのかわからない」という状態の時に頼れるのが、「起筆順」の辞典。

☆その「起筆順」の辞典である『くずし字解読辞典』の構成は、一画目がどこからはじまるかによって、五つのグループに分かれている。

1、 縦点から　はじまるくずし字　→その後、下に向かって連続していく

2、 横点から　はじまるくずし字　→その後、右に向かって連続していく

3、 斜め棒から　はじまるくずし字＝右上から左下に向けての斜め棒で起筆

4、 縦棒から　はじまるくずし字＝上から下に向けての棒で起筆

5、 横棒から　はじまるくずし字＝左から右に向けての棒で起筆

☆さらに、各グループ内も、二画目がどう続くかによって、この五つの順に載っている。

こんなことをお話した上で〝言葉にして、声に出しながら探してください〟とお願いしま

した。

たとえば、「横棒からはじまって、さらに横棒に続いている」などと〝唱えて〟みると、これは、目次の第五グループの最後のほうを見て（101ページ）、その中から可能性がありそうなページから探せばよいとわかります。目次には、三画目や四画目まで載せている箇所もありますから、より似たものを見つけることもできます。とにかく、目の前の読めない字を真似して書いたり、指でなぞってみることが大切でした。

しかし、そのようにして起筆順の辞典を引くと、同じようなくずしがたくさん並んでいるはずです。「その中のどれが〝私の探している字〟なのかを見極める」というのが、本章の課題です。

早速、取り組んでみましょう。たとえば、次のくずし字は何でしょうか。

ア

これだけでは、わからない。

その通りですね。くずし字は、その一文字だけ見ていてはだめで、その前後の意味や文脈からも判断しなければなりませんが、ここでは、〝辞典を引く〟ことを主眼に、この一文字だけを取りあえず見ることにします。

ア

起筆、つまり第一画はどうなっているでしょうか。「横棒」ですね。第五グループの「横棒からはじまるくずし字」の中にあることになります。

「横棒」から、筆はどう進んでいますか。斜め下ですね。「横棒から左斜め下」と唱えながら、左ページの目次の中で一番近いものを探すと209ページとあります。このあたりが、ねらい目でしょうか。

斜め下に進んだ筆が、くるっと丸くなって、そこまでは、ひらがなの「ろ」のような形になっていますから、232ページあたりも可能性がありそうです。

取りあえず209ページを開けてみましょう。すると、このパターン、つまり「横棒から左斜め下」は、209から213ページまで、各ページ五段組みで並んでいます。くずし字番号で言うと、1931から2316までです。この中から探すのかと思うと気が遠くなる……、そんなことはありません。アのくずし字を近くに置いて、比べながら見ていくと、「こんなに複雑なくずしではない」「左右（偏と旁）や前後（冠と脚）に分かれてないし」などと思いながら、全然似ていないくずし字、該当しないくずし字を、読み飛ばしていけます。

すると〝これかな〟〝これに似ている〟と思われるものは、おのずと絞られてきます。

目次

付録

6

『くずし字解読辞典』

その絞られたくずし字が載っているのが左のページです。網を掛けたあたりが似ていますね。二段目の六つのくずしで、「雨」と「両」です。

意味がまったく違い、字として使われる箇所も異なるこの二つの文字なのに、活字を並べてみると確かによく似ている。再発見した思いですね。ましてや、「両」には「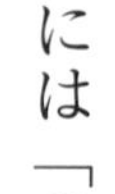」「」といった異体字もありますから、「雨」とくずしが似ていても不思議ではありません。

おそらく、初めにこのくずし字アを見た時、〝「両」かな〟と思われた方も多かったのではないでしょうか。「両（りょう）」は、通貨である金（きん）の単位ですから、「金壱両」「金三両弐分」などと文書によく出てきます。もちろん「両村」「一両日」などとも出てきます。

「頭の中のくずし字の引き出し」にある「両」と比べながら、〝「両」にしては、斜め棒が長すぎる〟とか〝斜め棒が、一画目の横棒から上に突き出ていれば「両」だけど〟とか、〝いやいや、こんな「両」だってある。突き出ていなくても「両」だ。見たことがある〟など、あれやこれや思っていらしたかもしれません。

〝「当」かな。でも、上の部分が違う〟などとも、考えていらしたかもしれません。

そして『くずし字解読辞典』を引き、このページを開いて、「雨」という可能性があることに気づきました。あるいは、最初から「雨」も、選択肢に入っていたかもしれません。

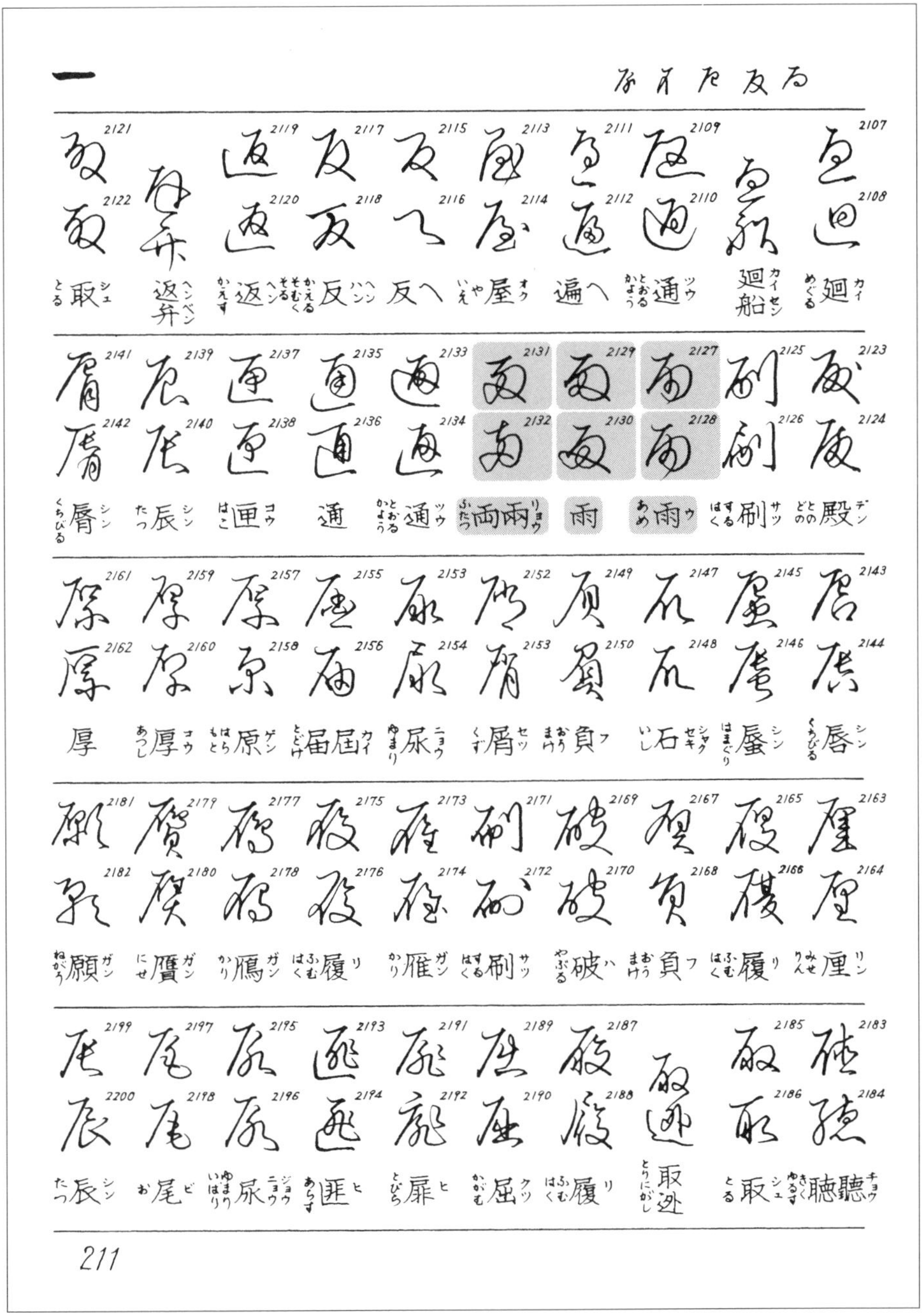
一

2107–2108 廻 カイ めぐる
廻船 カイセン
2109–2110 通 ツウ とおる かよう
2111–2112 遍へ
2113–2114 屋 オク いえ や
2115–2116 反へ
2117–2118 反 ハン ホン かえる そむく
2119–2120 返 ヘン かえす
返弁 ヘンベン
2121–2122 取 シュ とる

2123–2124 殿 デン との どの
2125–2126 刷 サツ する はく
2127–2128 雨 ウ あめ
2129–2130 雨
2131–2132 両兩 リョウ ふたつ
2133–2134 通 ツウ とおる かよう
2135–2136 通
2137–2138 匣 コウ はこ
2139–2140 辰 シン たつ
2141–2142 脣 シン くちびる

2143–2144 唇 シン くちびる
2145–2146 蜃 シン はまぐり
2147–2148 石 セキ シャク いし
2149–2150 負 フ まける おう
2152–2153 屑 セツ くず
2153–2154 尿 ニョウ ゆまり
2155–2156 届屆 カイ とどけ
2157–2158 原 ゲン もと はら
2159–2160 厚 コウ あつし
2161–2162 厚

2163–2164 厘 リン りん みせ
2165–2166 履 リ はく ふむ
2167–2168 負 フ おう まける
2169–2170 破 ハ やぶる
2171–2172 刷 サツ する はく
2173–2174 雁 ガン かり
2175–2176 履 リ ふむ はく
2177–2178 鴈 ガン かり
2179–2180 贋 ガン にせ
2181–2182 願 ガン ねがう

2183–2184 聴聽 チョウ きく ゆるす
2185–2186 取 シュ とる
取迯 とりにがし
2187–2188 履 リ ふむ はく
2189–2190 屈 クツ かがむ
2191–2192 扉 ヒ とびら
2193–2194 匪 ヒ あらず
2195–2196 尿 ニョウ ジョウ ゆまり いばり
2197–2198 尾 ビ お
2199–2200 辰 シン たつ

211

『くずし字解読辞典』

目次に戻りましょう。もうひとつの可能性は、「ひらがなの〝ろ〟」のような入りかたをするページでしたね。これは、232ページだけに収まっています。左ページに載せてみます。

ここで一番似ているのは、3969と3970の「雨」ですね。

ア と見比べながら、指でなぞって書いてみて、言葉にも出してみましょう。

- 横棒からはじまって、斜め下に進み、そこからくるっと円を描いて、その中に縦向きの細い円を書き、それを横切るように横棒。
- ひらがなの「ろ」の中に、縦結びしてから横結び。

などと、見えたままを、書きながら言ってみてください。

すると、最後の横棒が、右に突き出ているか、突き出ていないかの違いはありますが、筆運びとしては同じだな、と納得できます。

なるほど、「雨」の可能性が大きいと言えそうです。しかし、そう読んでよいかどうかは、文章の中で判断しなければなりません。その部分の文書を載せてみます。

A

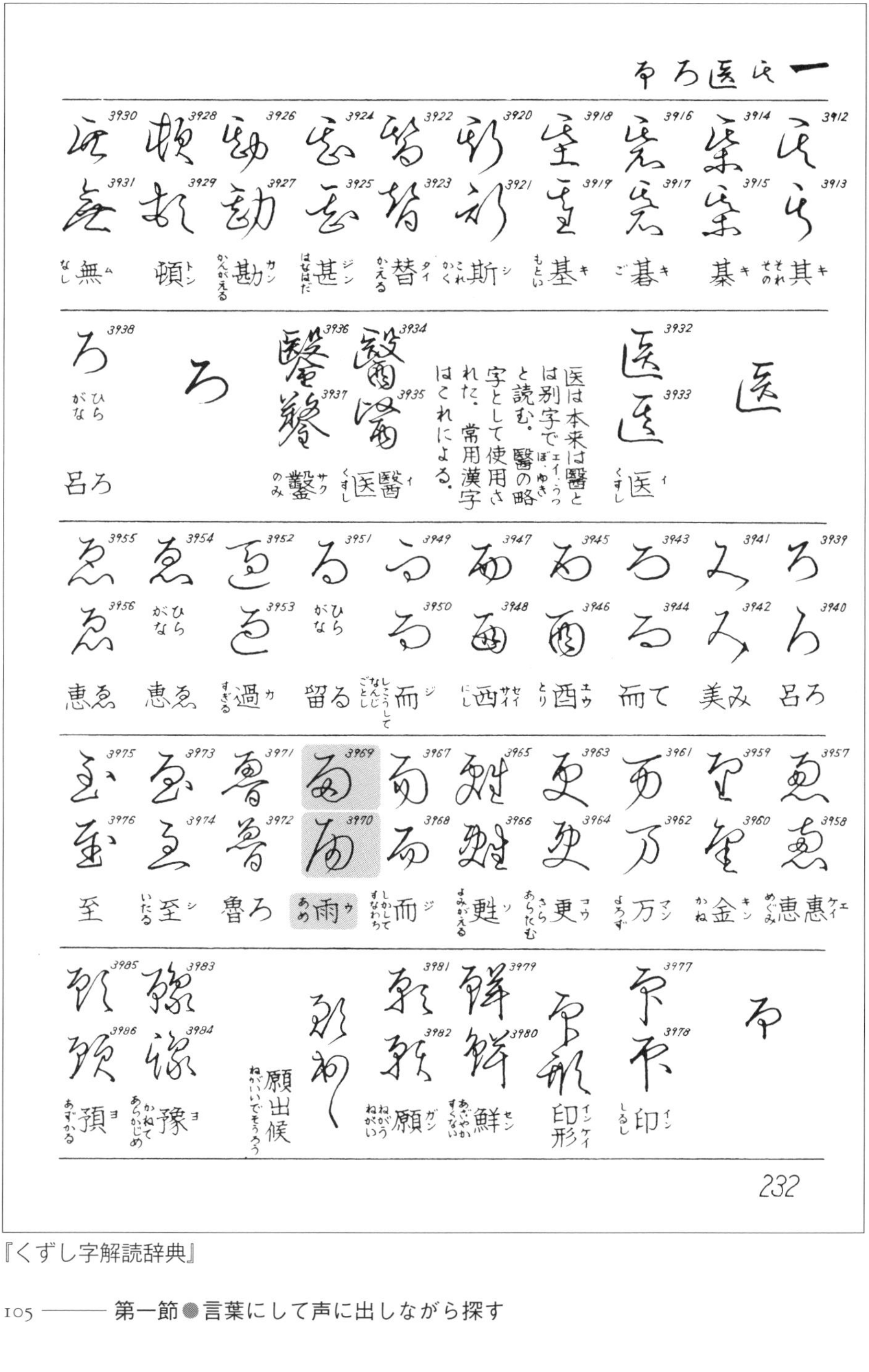
一

其《それ/その》キ　棊キ　碁《ご》キ　基《もとい》キ　斯《これ/かく》シ　替《かえる》タイ　甚《はなはだ》ジン　勘《かんがえる》カン　頓トン　無《なし》ム

医《くすし》イ　医は本来は醫とは別字でエイ・うつぼ、ゆきと読む。醫の略字として使用された。常用漢字はこれによる。　醫イ　医《くすし》　鑿《のみ》サク　呂ろ（ひらがな）

呂ろ　美み　而て　酉《とり》ユウ　西《にし》セイ・サイ　而《しこうして/なんじ/ごとし》ジ　留る（ひらがな）　過《すぎる》カ　恵ゑ（ひらがな）　恵ゑ

惠恵《めぐみ》ケイ・エ　金《かね》キン　万《よろず》マン　更《さら/あらたむ》コウ　甦《よみがえる》ソ　而《しかして/すなわち》ジ　雨《あめ》ウ　魯ろ　至《いたる》シ　至

印《しるし》イン　印形インケイ　鮮《あざやか/すくない》セン　願《ねがう/ねがい》ガン　願出候《ねがいいでそうろう》　豫《かねて/あらかじめ》ヨ　預《あずかる》ヨ

232

『くずし字解読辞典』

第二節

その字でよいか文章の中で確認する

「雨」ではないかと思われる㋐は、どこにありましたか。

A

そうですね。最初のがそうなのですが、同じ行にもうひとつ同じ字のくずしがありました。これは、ヒントになる材料が増えたことですから、喜ばしいことです。

もう少し先までこの古文書を読んでいくと、さらにこの字が出てきます。

B

C

四か所出ている中の三か所で、同じ字が続いています。

という表現ですね。下の字は何でしょうか。

イ 

これは、第二章で学んだ「部首別」の辞典で引ける字です。

イ 

この部分が「こざとへん」です。旁の部分は、下の横棒がずいぶん長いですが「夅」で、イは「降」と考えられます。

三か所とも「雨降（あめふり）」です。〝ア は、文意から言っても「雨」でよい〟とわかりました。A・B・Cを読んで確認しましょう。

A、雨降不レ申候ニ付、雨乞之儀所々仏神江
色々建願等仕候得共
（あめふりもうさずそうろうにつき、あまごいのぎ、しょしょぶつじんえ、
いろいろけんがんなど、つかまつりそうらえども）

B、少々雨降候得共（しょうしょう、あめふりそうらえども）

C、雨降、一統相凌申候（あめふり、いっとう、あいしのぎもうしそうろう）

雨が降らないので困った、と繰り返し述べられています。これは、減免願（げんめんねがい・年貢を引き下げてほしいという願い）の文書の一部です。

植付けは順調にできたが、その後一か月以上も雨が降らず、諸神仏に雨乞いを祈願したけれども（A）、まったく雨が降らない。その後、少々の雨は降ったものの（B）、田畑を潤すような降りかたでは全然なかった。おまけに、その翌日、大暴風が吹いたので、それまで干害で傷んでいた作物は、さらに大損害を受けてしまった。その八日後、雨が降って、一同は何とか切り抜けた（C）と思われたが……と状況を説明しながら、今更雨が降っても、作物は全滅してしまっている。新たな作付けをしようにも季節遅れでできない、としています。

A・B・Cの中には、「雨降」以外にも興味深いくずし字がたくさんありますので、「部首別」か「起筆順」、あるいはその両方の辞典で調べてみてください。

本章では㋐（「雨」と判明）にこだわってきましたので、そのつながりで、もうひとつ例を挙げておきましょう。

㋒

これなど、見たところ活字の「雨」にそっくりです。

迷わずそう読んでしまってよいでしょうか。前後を見てみましょう。

「雨」と読むと通じません。これは、おそらく「右両家江（みぎりょうけえ）」ですね。もう少し広い範囲を読んでみましょう。

D

「過ル七月十九日夕七ツ時、京屋弥兵衛方并ニ竹原文右衛門殿、右両家江」

（すぐるしちがつじゅうくにち、ゆうななつどき、きょうやややへえかた、ならびにたけはらぶんえもんどの、みぎりょうけえ）

「去る七月十九日の午後四時ごろ、京屋弥兵衛の所（定飛脚問屋）、ならびに竹原文右衛門殿（本両替商）、この二つの家に」といった意味ですから、ウは、やはり「両」で「両家」と読むのが適切です。

読めない字を辞典の中から探す時、見た目で一番近い字を探し出すことは、もちろん基本です。しかし、それだけを信じてしまっては読み間違えることが往々にしてあります。

さらに危ないのは、自分で「読めている」と疑いもなく思っている時、読めていないと自覚さえしていない時です。これが、意外とあるかもしれません。何の疑問も持たず、全然引っかからず、そのように見えてしまったからそう読んだのですから、ごく自然なことで、何の不思議もありません。初心者はもとより、古文書にかなり慣れた方でも、そんな経験があるのではないでしょうか。

でも、そのような場合には、読み進めているうちに、必ず「あれ？」と思う瞬間が訪れるはずです。「あれ、意味が通じない」「どこが、おかしいんだろう」「どこで、読み違ったのだろうか」。そこまででなくても、「何か、つじつまが合わない」「変だなあ」「何となく不自然だなあ」「語調がうまくつながっていない気がする」などの違和感があったら、その時がチャンスです。

振り返って〝もうひとりの自分の目〟で古文書を見つめてください。思い込みを取り除いて読み直してみると、きっと、〝ここだ〟〝ここかもしれない〟という箇所に気づきます。そうしたら、心も頭も柔らかくして、他の読みかたができないか探ってください。その時に辞典はとても心強い味方になるはずです。似たようなくずしで、違う字の可能性がないか、先入観のない目でページを繰ってみてください。思わぬ発見があって合点がいくことでしょう。

Dの文書は、左のように続いていきます。

E

「渡し金、千四百両也（わたしきん、せんよんひゃくりょうなり）」

「金」と書いてあるのですから、その単位である「両」だとわかります。Dのも、ちょっと違って見えたかもしれませんが、「両」でよかったのだとここで確認できました。〝なるほど、この人（文書の書き手）の「両」はこれなんだな〟とわかりましたが、そのすぐ後に次のような表現が出てきます。

F

「清六・茂助、右両人ニ為レ持（せいろく・もすけ、みぎりょうにんに、もたせ）」

ここにも「両」が出てきましたが、きれいな「両」ですね。このくずしなら、私たちが古文書でよく見る「両」のくずしです。どんなくずし字辞典の「両」にも必ず出ている典型的なくずしです。

「起筆順」の辞典『くずし字解読辞典』で、「横棒から左斜め下」と唱えながら「雨」を探した時のことを思い出して、103ページをもう一度見てみてください。この中の2131番と2132番が「両」でした。2132番のが、Fの「両」に一番近いですね。

〝初めから、この「両」で書いていてくれたらよいのに〟と思ってしまいますが、そうはいかないところが、古文書の面白さです。同じ字がいろいろなくずしで出てくるのは、お馴染みのことですね。もう少し先を見てみましょう。

G

「送り金、都合千百両相渡し（おくりきん、つごう、せんひゃくりょう、あいわたし）」

H

「残り金、三百両（のこりきん、さんびゃくりょう）」

金何両の場合には、どちらかのくずしに統一されているかというと、そんなことはありませんでしたね。「両」、それこそ両方のくずしが使われています。まさに、筆の赴くままに書き進めていますが、くずしかたがどうであっても、江戸時代の通貨である金の単位が「両・分・朱」であることを知っていれば、「両」と読むことができます。

G・Hでは「両」の単位までしか書かれていませんでしたが、他の古文書で、その先にさらに数字が書いてあって、それに単位らしきものが付いていれば、そのくずし字がかなりくずれていたり、少し虫食いがあったりしても、〝これは「分」だろう〟〝これは「朱」だ〟と判断することができます。

石高（量・容積）の「石・斗・升・合・勺・才」や、面積（地積）の「町・反・畝・歩」などの、知っていると読むことができます。

〝くずし字を読む時、その字自体がどう見えるかだけでなく、前後の文意や文脈からも判断する〟必要性を、繰り返しお話ししてきましたが、もうひとつ〝知識との摺り合わせが、くずし字を読む時の手助けになる〟のも真実ですね。

金が四進法であることを知っていると、六分と読んだら間違いだとわかります。壱（一）分・弐（二）分・三分までで、四分になったら一両なのですから、それ以上の数字に見えてしまったら読み違いをしているのです。朱も同様です。両については、何百両・何千両になっても、もちろんだいじょうぶです。

○○守（かみ）と書かれていたら、国名を知っているといいですね。国名の数は限られていますから、くずし字の見当もつくでしょう。

もちろん、その時に知っていなくてもだいじょうぶです。何を探したらわかるか、どこをどう調べたら出ているか、その道筋さえわかっていればじゅうぶんです。〝このことは、この辞書のこのへんに載っていたはずだ〟と開けてみて、〝そうか、そうか〟と知る。そのことの繰り返しを重ねることが大切です（《おすすめ　その9》138ページ）。

「起筆順」で読めた字を音訓索引や「部首別」で引いてみよう

「読めなかった字が読めた」「わからなかった字が解明できた」、そのうれしい時に、そこでやめてしまわないで、もうひと手間掛けておくと、実力がぐんとアップします。

前節のAを、もう一度載せてみます。

A

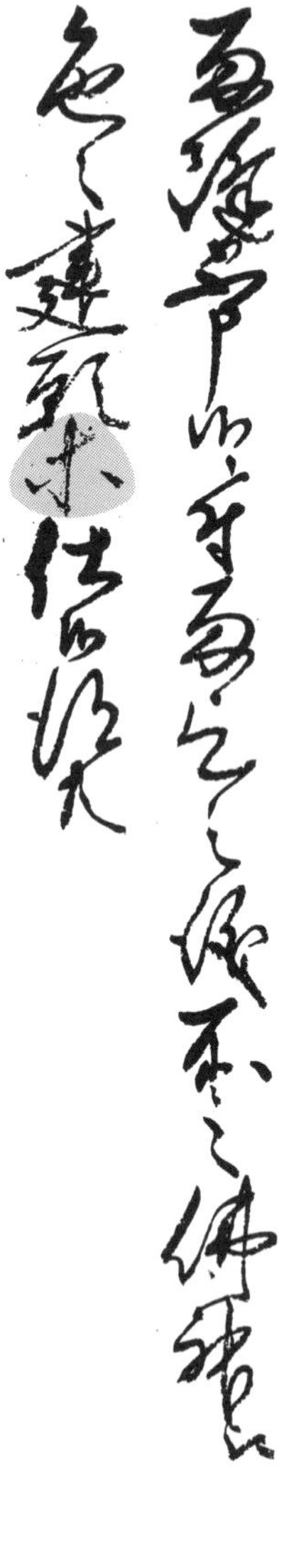

ここでは、右の網を掛けたくずし字に注目しましょう。

これは、前に解読文で示した通り「等」です。

A、雨降不レ申候ニ付、雨乞之儀所々仏神江
色々建願等仕候得共
（あめふりもうさずそうろうにつき、あまごいのぎ、しょしょぶつじんえ、いろいろけんがんなど、つかまつりそうらえども）

を「等」と読むのは、至難の業です。

古文書が読める先生や先輩が近くにいて、〝は「等」のくずしですよ〟と教えてもらえるならいいのですが、ひとりで文書を読んでいる人にとっては、まったく思いがけないくずしでしょう。知らなければ読めないくずしです。「たけかんむり」のくずしの痕跡が、どこにも見つからないのですから、「部首別」の辞典で引きようがありません。

〝カタカナの「ホ」のように見えたら、「等」の可能性が大きいですよ〟と、私はお話していますが、ここでもまさにそんなくずしかたで書かれています。

この〝知らなければ読めないくずし字〟〝まったく手がかりのないくずし字〟こそ「起筆順」の辞典の出番です。『くずし字解読辞典』で引いてみましょう。

㋓ 

横棒からはじまっていますから、第五グループですね。どう唱えながら探せばいいでしょうか。〝横棒からはじまって、それに垂直に交わる縦棒〟〝横棒からはじまる十文字〟などと言いながら、目次でありそうなところを探し、そのページを繰って、カタカナの「ホ」に近いくずしを見つけるといいですね。

するとありました。次ページに載せますから見てください。

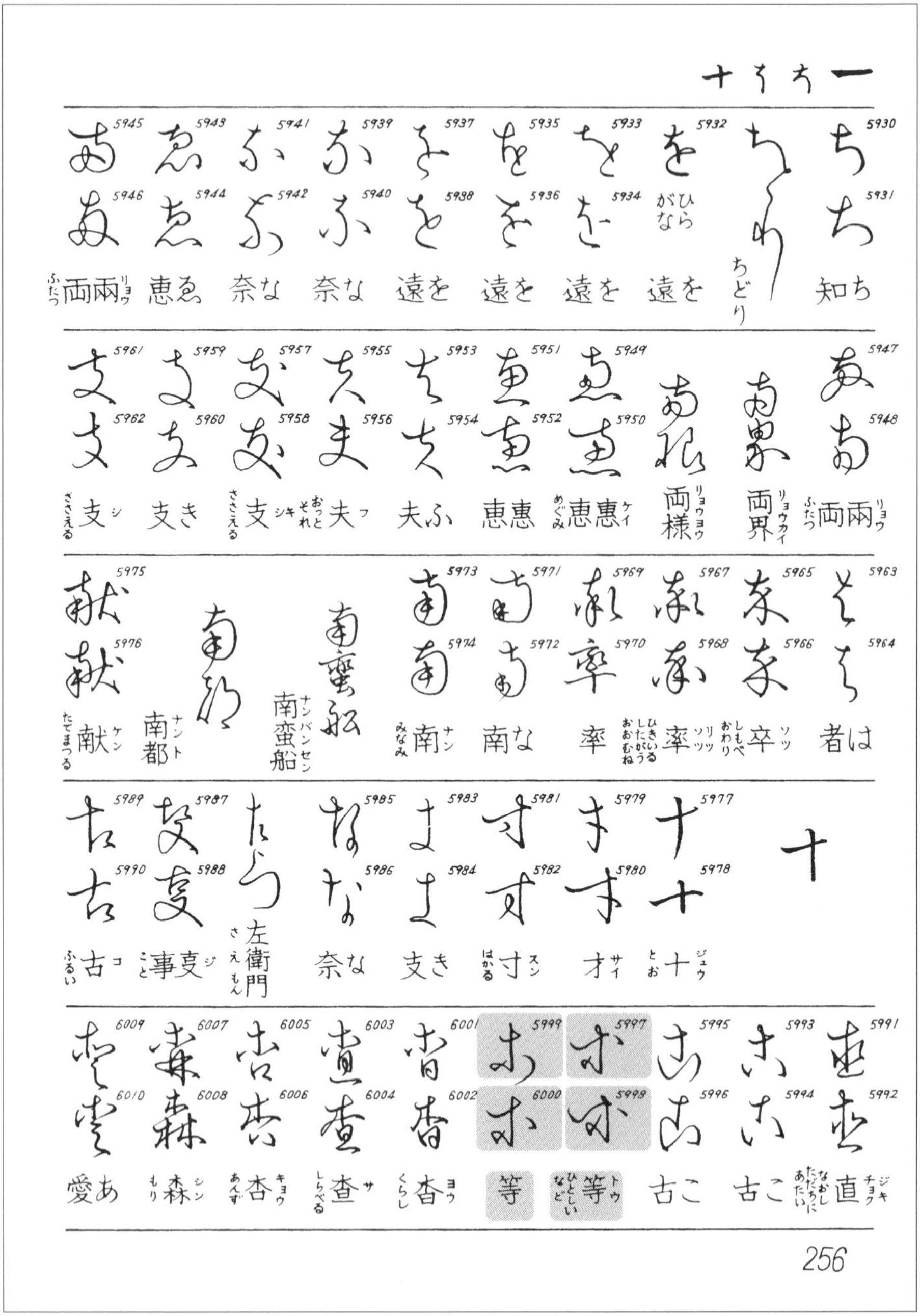

十 ち ち 一

5930 5931 知ち
5932 ちどり
5933 5934 ひらがな 遠を
5935 5936 遠を
5937 5938 遠を
5939 5940 奈な
5941 5942 奈な
5943 5944 恵ゑ
5945 5946 ふたつ 両兩《リョウ》

5947 5948 ふたつ 両兩《リョウ》
両界《リョウカイ》
両様《リョウヨウ》
5949 5950 めぐみ 恵惠《ケイ》
5951 5952 恵惠
5953 5954 夫ふ
5955 5956 おっと それ 夫《フ》
5957 5958 ささえる 支《シキ》
5959 5960 支き
5961 5962 ささえる 支《シ》

5963 5964 者は
5965 5966 しもべ おわり 卒《ソツ》
5967 5968 ひきいる したがう おおむね 率《ソリ ツツ》
5969 5970 率
5971 5972 南な
5973 5974 みなみ 南《ナン》
南蛮船《ナンバンセン》
南都《ナント》
5975 5976 たてまつる 献《ケン》

十
5977 5978 とお 十《ジュウ》
5979 5980 才《サイ》
5981 5982 はかる 寸《スン》
5983 5984 支き
5985 5986 奈な
左衛門《さえもん》
5987 5988 こと 事亊《ジ》
5989 5990 ふるい 古《コ》

5991 5992 なおし ただちに あたい 直《ジキ チョク》
5993 5994 古こ
5995 5996 古こ
5997 5998 ひとしい など 等《トウ》
5999 6000 等
6001 6002 くらし 杳《ヨウ》
6003 6004 しらべる 査《サ》
6005 6006 あんず 杏《キョウ》
6007 6008 もり 森《シン》
6009 6010 愛あ

256

『くずし字解読辞典』

文意が通じますし、声に出して読んでみても語調も自然につながりますので、Ⓔは「等」でだいじょうぶだ、とわかります。

さて、そこで次の段階です。時間的に余裕のある時には、是非とも次の二つのことをしてみてください。

1、引き続き『くずし字解読辞典』を使って、巻末の「音訓索引」で「等」を引き、その全ページを開けてみる。

2、お手元に「部首別」の辞典も持っていたら、あらためてその辞典で「等」を引く。

右の1・2は、〝この際、「等」がどうくずれるのか、他のくずしもついでに見てしまおう！〟ということを、述べたものです。

起筆順の『くずし字解読辞典』は、今までお話してきた通り、一画目さえ見極められたら、そこから引けるようになっています。だからこそ、まったく見当がつかないくずし字でも探し当てることができたのですが、残念ながら「等」のくずしが一か所にまとめて出ているという構成にはなっていません。

では、ここで見たカタカナの「ホ」に似たくずし以外の「等」のくずしは、どこで見たらいいのでしょうか。それは、辞典の巻末にある「音訓索引」で「等」を引き、その各ページを開けば載っています。「トウ」と引いても、「など」と引いても出ているはずです。「トウ」

で引いてみましょう。左のページが、その音訓索引のページです。トウ・等は、**60**・82・176・226・236・**256**・257・260ページと、八か所にわたって載っているとあります。五つのグループのほとんどに「等」のくずしがあるのですね。**60**・**256**と太字になっているのは、そのページにはその字のくずしが二つ以上載っていることを示しています。せっかく辞典を持っているのですから、が「等」とわかったところでやめてしまわないで、この八か所を開けてみてください。すでに256ページは見ていますから、残りは七か所ですね。〝なるほど、「たけかんむり」のくずしだ〟とか〝「くさかんむり」のように書かれている！〟とか、〝「寺」って、こうくずすのか〟などと、各ページでいろいろなことに気づくと思います。

上からなぞったり、真似して書いてみたりしてください。できたら、「等」として、まとめて自分でカードを取ってみると、とても力がつきます。

この、まとめるということを実現しているのが、「部首別」の辞典になります。「起筆順」では八か所に分散していた「等」が、一か所にまとめて出ています。「部首別」の辞典も持っていたら、開けてみましょう。120ページに『古文書小字典』、121ページに『くずし字用例辞典』の「等」を載せます。それぞれ「たけかんむり」の項にあります。

こうしてあらためて見てみると、同じ「等」なのに、どうしてこんなにいろいろなくずし

と－とげる

と　と(止)　**152**
と(戸)　275
と(度)　49
と(東)　263
と(登)　27, 108, 151, 162
と(等)　125
と　戸　51, 212
砥　**213**
ド　土　257
奴　85, **158**
度　48, **49**, 138, 281
努　85
帑　157, 158
弩　85, 157
怒　85
駑　157
とい　問　157, **152**, **195**
トウ　刀　196
冬　108, 138
豆　189, 235
投　239, 245
到　206, 207, 271
東　**263**
沓　109
洞　26
迯(逃)　**107**, 108
倒　**118**
凍　12
唐　**48**, **49**
套　125
島　**139**
桃　**248**, 249
桐　249
疼　47, 50
荷　192
荅　175
討　34, 38
逃　85, 154
兜　111, 221
悼　76
掏　242
桶　250, 251
荳　63, 79, 176, 193
透　122
逗　189, 236
陶　228, 229
棟　252
棠　150
棹　247, 250
湯　18, 19, 21, 22, 145
トウ　痘　50
登　109, **151**, 283
盜・盗　11, 17, 26
等　**60**, 82, 176. 226, 236, **256**, 257, 260
筒　59
答　56, 59, **64**, 73, 175
統　**130**, **204**
萄　**66**
塔　**237**, **239**
搗　**242**
滔　**19**, **23**
當・当　**149**, **150**, **280**
嶋　**16**, **167**, **172**
滕　**119**, **120**
綯　**131**, **205**
骰　**11**, **275**, **286**
撓　**240**, **245**
撞　**239**
樋　**250**, 251
樋　**250**, 251
稻・稲　42, **123**
踏　**29**, **38**, **184**, **231**
鄧　109, 151
橙　248, 249
燈　**74**
鬧　82, 151, 196
糖　66, 77, 78
縢　119
蕩　63, 67, 191
頭　14, 95, 103, 129, 154, 189, 209, 210, 212, 235, **269**, 270, 286
擣　246
濤・涛　**21**
盪　22, 145
橦　124
謄　119
蹈　36
燾　261, 275
礑　210
艟　31
襠　41
禱　40, 42
藤　43, 63, 64, 65, 71, 175, 192, 268, 270
韜　276
鐙　106
トウ　騰　119, 120
鬪・鬭　80, 81, 152, 196
澆　22, 25
籐　**59**
儔　115
鐺　94, 106
黨・党　**150**
攩　242
ドウ　仝　88
同　153, 181, 182
洞　26
胴　120, 160
動　91, 128, 262, 280
堂　72, **150**, 280
童　44, 265
働　113, 115, 116
道　62, **65**, **67**, 212, 215, 285
慟　76, **163**
銅　33, 94, 104, 106
導　62
瞠　177, 185
獰　126
僮　112
瞳　**178**
艟　40
とう　存　**254**
訪　34, 38, 142
問　151, **152**, **195**
詢　36, 143
とうげ　峠　172
とうな　菘　69, 226
とうまる　鶤　180
とお　十　125, 256
拾　240, **241**, 242
とおい　迂　43, 217
迢　56
遐　227
堯　237, 267
遠　**257**, 258, 285
遼　125
緬　132
とおす　藐　66
とおとい　貴　66, **78**, 183, 270
尊　**62**, 173, 287
とおる　亨　45, 100
通　210, **211**, 213, 224, 233, 234
とおる　透　122
條・条　**156**
融　224, 226
徹　20, 134
とが　科　42, 122, 124
栂　249
とかげ　蜥蜴　138, 168
とかす　鎔　94, 105, 107
とがめる　咎　107
謫　34
とがる　尖　150
とき　剋　97
時　152, 155, 172, **177**
期　**15**
刻　30, **31**, 46
鬨　83, 152, 196
鴇　222
トク　禿　122
匿　189, 223
特　**98**, 171
得　20, 22, 26, **145**, 148
督　62, 194
篤　60, 192
瀆　20
德・徳　20, 21, **30**, **134**, **147**
犢　**98**
牘　29, 155, 156
讀・読　39
贖　161, 221
黷　181, 201
とく　得　134
溶　142
渙　23
説　33, 35, 143
解　102, **140**
銷　104
講　22, 38, 39
釋・釈　87, 129
ドク　毒・毒　261, 275
獨・独　126, 127
とぐ　研　210, 214
淅　21
厲　209, 210, 233
ドクロ　髑髏　201, 275
とける　溶　**17**
融　226
とげる　遂　**65**, 68, **73**

40

『くずし字解読辞典』

565

等

トウ
ひとしい
など・ら

【用例】

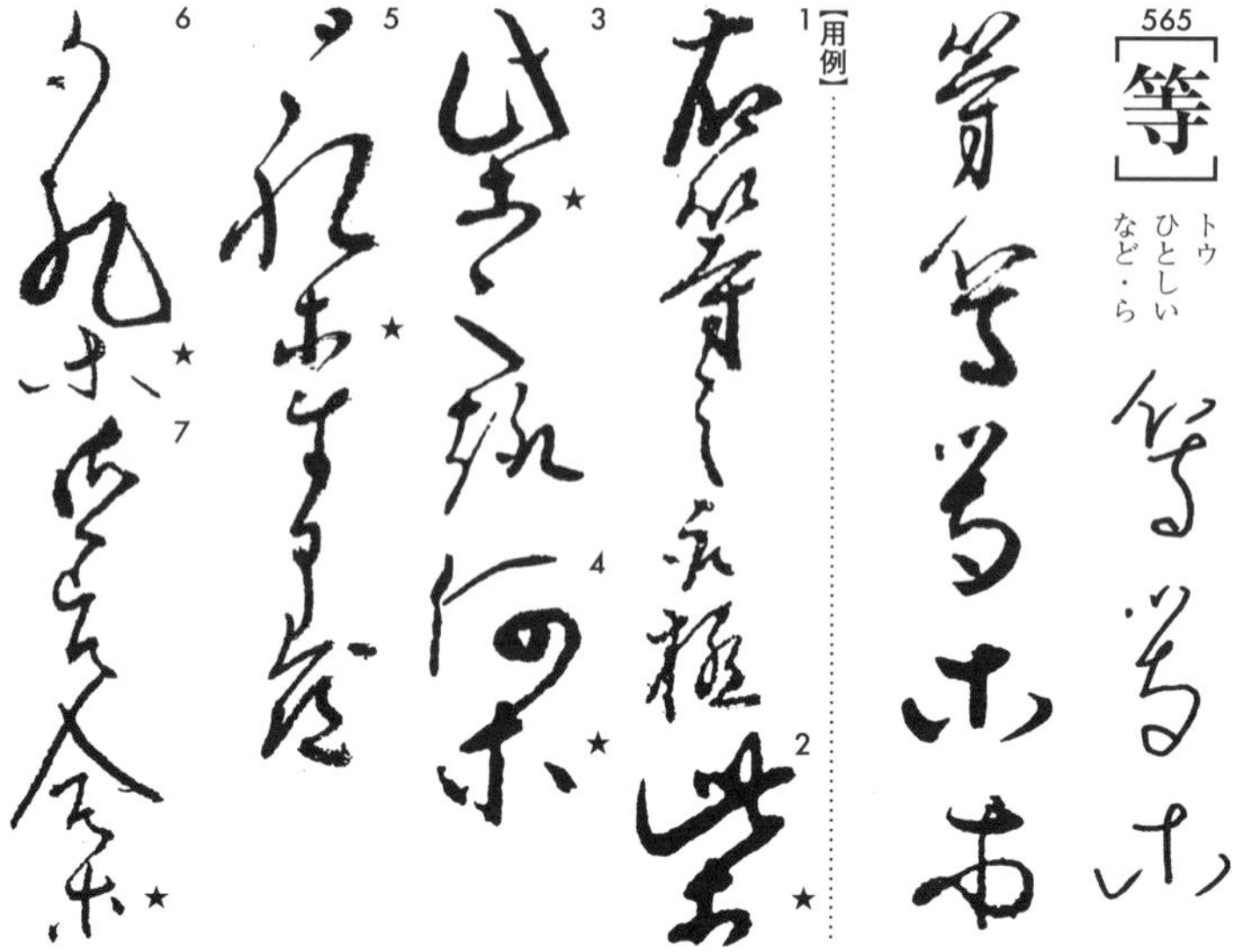

371

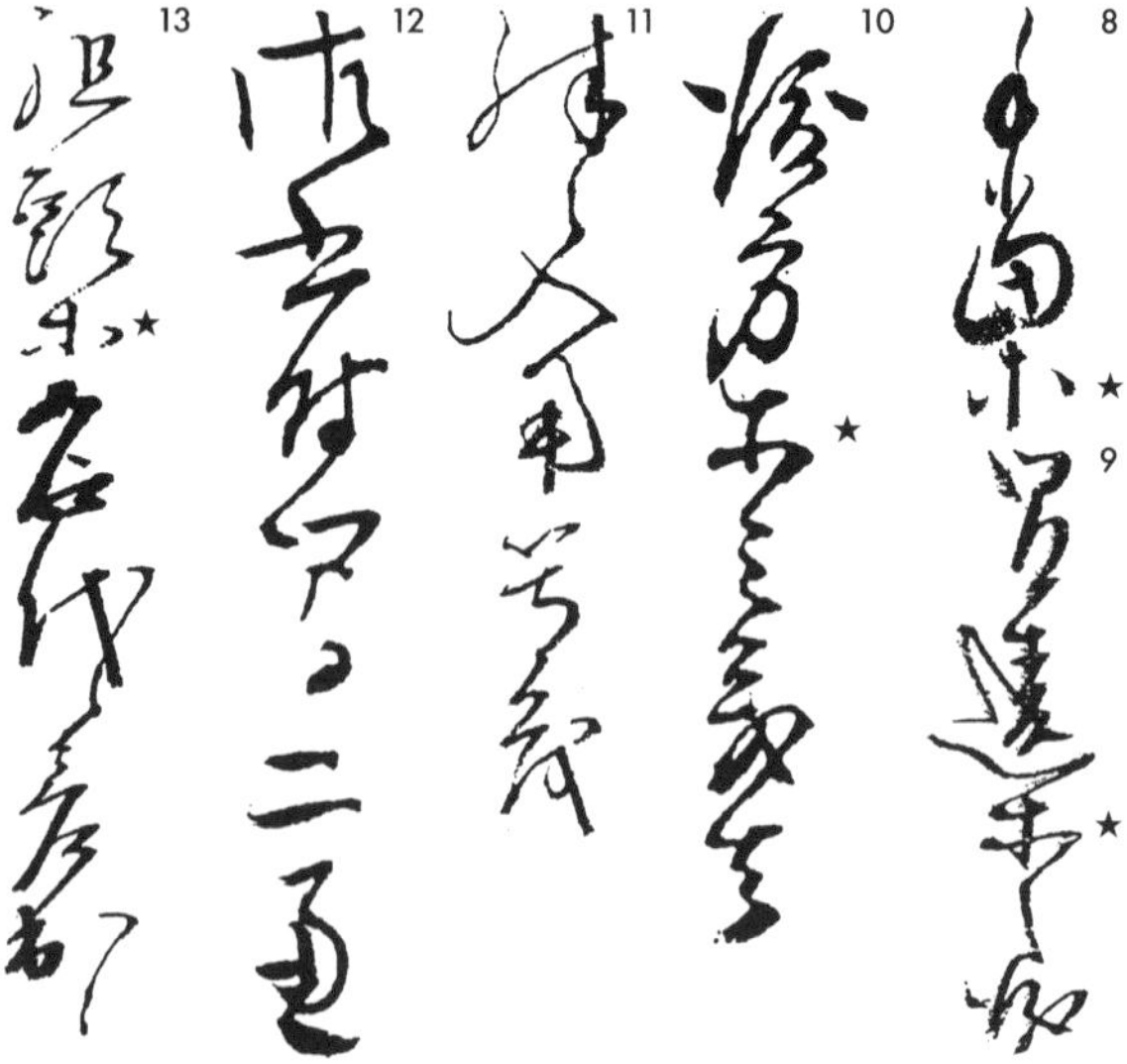

1 右等《みぎなど》之《の》取極《とりきめ》　2 此等《これら》　3 此等《これら》之《の》趣《おもむき》　4 何等《なんら》
5 御礼等《おれいなど》奉二申上度《もうしあげたてまつりたく》　6 御礼等《おれいなど》　7 御差合等《おさしあいなど》　8 手當等《てあてなど》
9 間違等《まちがいなど》之《の》儀《ぎ》　10 渡方等《わたしかたなど》之《の》義《ぎ》者　11 殊ニ《ことに》入用等《にゅうようなど》茂《も》
12 御書付等《おかきつけなど》二《に》通《つう》　13 組頭等《くみがしらなど》名代《みょうだい》ニ《に》差出候《さしだしそうろう》

『古文書小字典』P.371・372

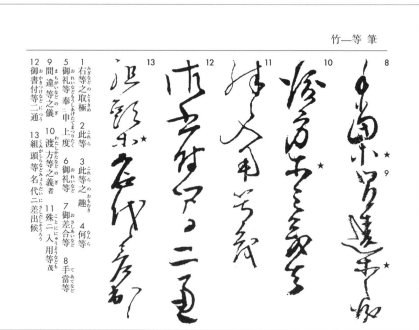

筆陣 12 筆硯《ひっけん》 13 筆勢 14 筆蹟《ひっせき》

［用語］ 筆力 筆工 筆札 筆生 筆匠 筆帖
筆削 筆架《ひっか》 筆洗 筆者 筆取《ふでとり》 筆致《ひっち》 筆耕《ひっこう》
筆冢《ひっちょう》《ふでづか》 筆迹《ひっせき》 筆陳《ひっちん》 筆研《ひっけん》 筆筒 筆答 筆《ひっ》
經《けい》(経) 筆意 筆誅《ひっちゅう》 筆跡《ひっせき》 筆禍《ひっか》 筆結《ふでゆい》 筆
端 筆管 筆箱 筆算 筆帽《ふでさや》 筆寫《ひっしゃ》(写) 筆
談 筆論 筆道 筆鋒《ひっぽう》 筆翰 一筆《いっぴつ》《ひとふで》 一筆
啓上 一筆進呈 刀筆 三筆 才筆 下レ筆《ふでをくだす》
毛筆 古筆《こひつ》 右筆《ゆうひつ》 末筆《まっぴつ》 乍二末筆一《まっぴつながら》 主筆
兎毛筆《うもうひつ》 自筆 曲レ筆《ふでをまぐ》《きょくひつ》 投レ筆《ふでをとうず》 弄レ筆《ふでをろうす》 呵《ふでを》
レ筆《かす》 捌筆《さばきふで》 特筆 祐筆《ゆうひつ》 狸毛筆《りもうひつ》 鹿毛筆 執
筆 無筆 絶筆 硬筆 悪筆 鉛筆 巻筆《まきふで》
達筆 運筆 僞《ぎ》(偽)筆 鐵《てつ》(鉄)筆《ぴつ》 擱レ筆《ふでをおく》《かくひつ》
萬《まん》(万)年筆《ねんひつ》 亂《らん》(乱)筆《ぴつ》

3791 笻 キョウ つえ

3792 筈 カツ はず やはず

［用語］ 筈《はん》 刺《さし》 矢筈《やはず》

3793 等 トウ ひとしい など ら

［用例］

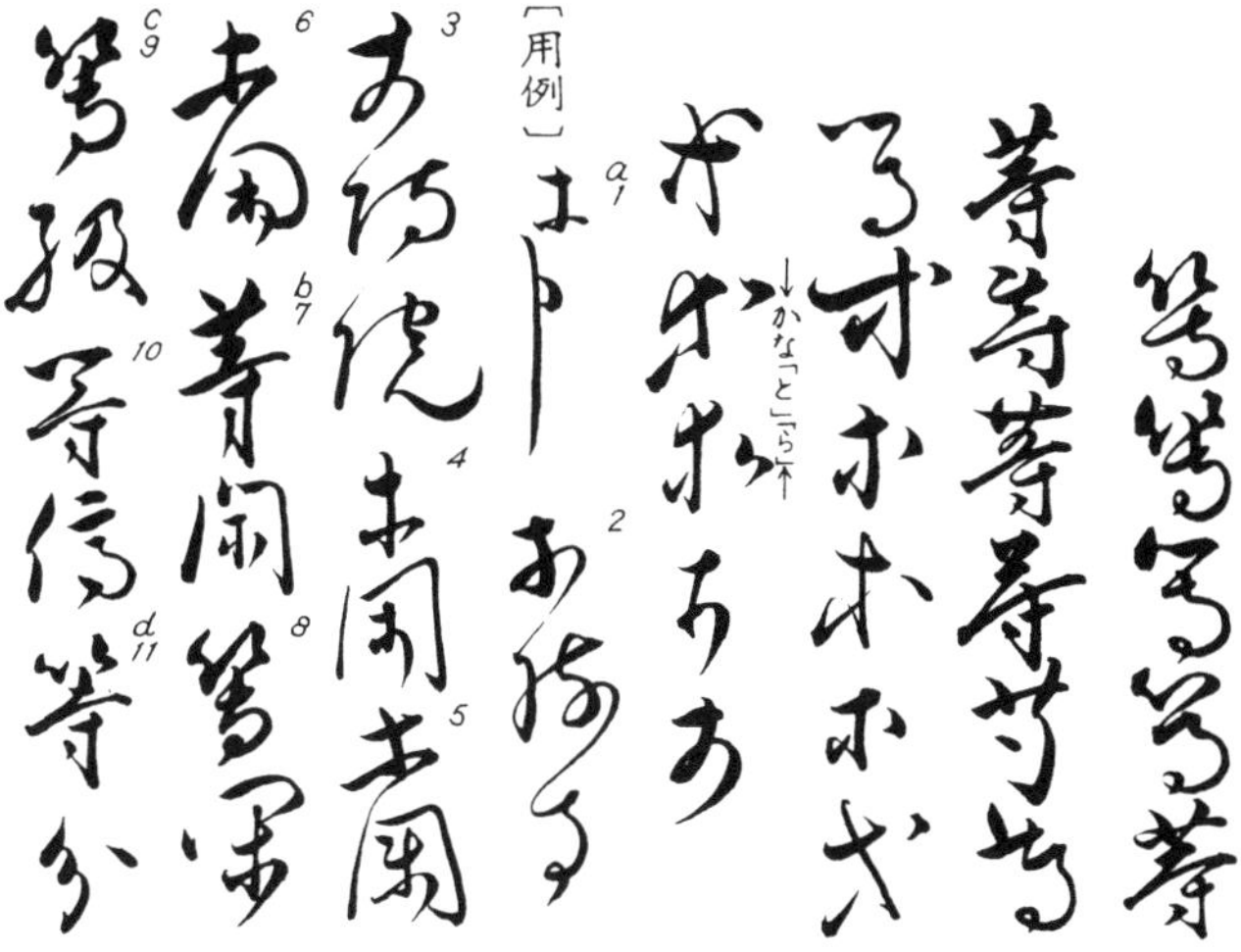

1 等申《…らもうす》 2 等持寺 3 等持院 4〜8 等閑《とうかん》《なおざり》 9
等級 10 等儕《とうせい》《ともがら》 11 等分

［用語］ 等子《はかり》 等比 等列 等位 等角 等身
等身大 等怎《とうしん》《いかんぞなにら》 等倫《とうりん》 等埒《とうらつ》 等差 等輩《とうはい》

『くずし字用例辞典』P.793・794

があるのだろう、と不思議になりますね。そもそも、なぜカタカナの「ホ」に似たくずしが「等」なのでしょう。

これは、「等」には「ホ」という異体字があって、これが書かれているからなのです。

古文書に書かれている文字のほとんどは、たとえどんなに難しそうに見えても、実は、私たちが現在も日常的に使っている文字です。新聞で読んだり、本で読んだり、街中で見かけたり、あるいは自分で何か書いたりメモを取ったりしているその字が、古文書に書かれています。江戸時代の古文書だからと言って、何も特別な字が書かれているわけではありません。普段使っている漢字を、思い出せばいいのです。

〝なんだ、この字だったのか〟〝そういえば、こんな字、久しぶりに見た〟〝難しいけど、確かに見たことのある字だ〟などと思いながら、自分の今までの経験や知識の範囲内で、読んだり調べたりして納得することができます。

ところが、「異体字」は多くの方にとって見慣れない文字だと思います。江戸時代の古文書には比較的よく出てくるのに、現在ではほとんど使われなくなってしまった文字です。私たちが現在使っている文字以外にも、同じ意味、同じ音の文字で、古文書には様々な書きかたがされています。

たとえば、先ほどの「ホ」→「等」もその一例です。他にもいろいろありますが、よく出てくる異体字はわりに限られていますので、それを知っておくと便利です。
私たちは「時」と書きますが、文書では、右側に「寸」が書かれた「时」のくずしのほうが、むしろよく出てきます。「时」→「時」です。もちろん、「時」のくずしも見られます。

いずれも「当時（とうじ）」

「㝡」こんな字を見たら、何だろうと思いますね。「うかんむり」を「日」にしてみると「最」。「㝡」→「最」も、とてもよく出てきます。

いずれも「最前（さいぜん）」

いずれも「最早（もはや）」

「叓」→「事」も、よく見かけることでしょう。

いずれも「一札之事（いっさつのこと）」

この他にも興味深い「異体字」がいろいろあります。
『古文書小字典』には、「異体字一覧」として、主な異体字が三ページにわたって載ってい

異体字一覧

略	異	留	畝	畝	珍	牢	爾
341	341	340	339	339	333	329	328 ページ
聊	網	網	紙	等	第	究	秋
394	385	385	378	371	368	364	358 ページ
解	解	規	薬	荒	船	腹	脇
426	426	423	414	409	406	400	398 ページ
野	違	遊	逃	迄	体	負	詔
486	478	477	466	460	456	443	431 ページ
麤	魚	駆	養	難	隙	閏	野
522	520	517	515	501	498	494	486 ページ

535

『古文書小字典』

ます。右のページは、その中の「ホ」→「等」が出ているページです。120ページの「等」のくずしの中の★は、この「異体字」のくずしだという記号です。

お手元の辞典類や便覧に、「主な異体字」といった表が載っていたら、開けてみてください。「へえ、こんな字が使われているのか」と、驚きや発見がたくさんあると思います。

右ページの「畧」→「略」のパターンは、他にもいろいろ見られます。たとえば、「松」は、「⿱木厶」と書かれたり「枀」と書かれたりしています。私たちが現在使っている漢字の、左右・前後がひっくり返った字です。こんな字を見つけると、次はどんなくずし字に出会えるかと、古文書を読みながら楽しみになります。

読めなかったくずし字が、「起筆順」の『くずし字解読辞典』でわかった時、そこでやめてしまわないで、それをもう少し広げてみる、少し深入りしてみるという方法は、とても力がつきます。本節では、こんなお話をしてきました。

その字は他にどんな風にくずれるのだろうかと、巻末の「音訓索引」で引いて、それぞれのページ開けて見る。それがまとまっている「部首別」辞典でも引いてしまう。「異体字」だったら他の異体字もついでに見てみる。当て字だったら、面白がって、自分のくずし字コレクションの列に加える……などなど。いくらでも世界は広がり、そうしているうちに、辞典を自分のものとして使いこなせるようになっていきます。

第四節
「ひらがな」までもが「起筆順」

起筆順の辞典『くずし字解読辞典』の後ろのほうには、「増補　かなもじ ひらがな 変体がな の解読」というページがあります。

今まで見てきたように、本体の第一グループから第五グループの中にも、漢字だけでなく「かなもじ」も入っています。たとえば、左ページを見てください。これは、第二グループ「横点からはじまるくずし字」の最初のページです。

最初に出ているのは「 ひらがな」とあり「以」がくずれた「い」です。「いつまでも」「いたし」という用例も載っています。

そうですよね。読めない時には、それが漢字なのか「ひらがな」なのかさえわかりません。見えかたによって場合分けした「起筆順」のこの辞典では、漢字も「ひらがな」も「かたかな」もすべて一緒に入っています。ここが、「部首別」の辞典と違うところです。

巻末の「増補　かなもじ ひらがな 変体がな の解読」は、その中の「かなもじ」に特化したものです。どのような構成になっているのでしょうか。その初めの二ページを、128・129ページに載せてみます。

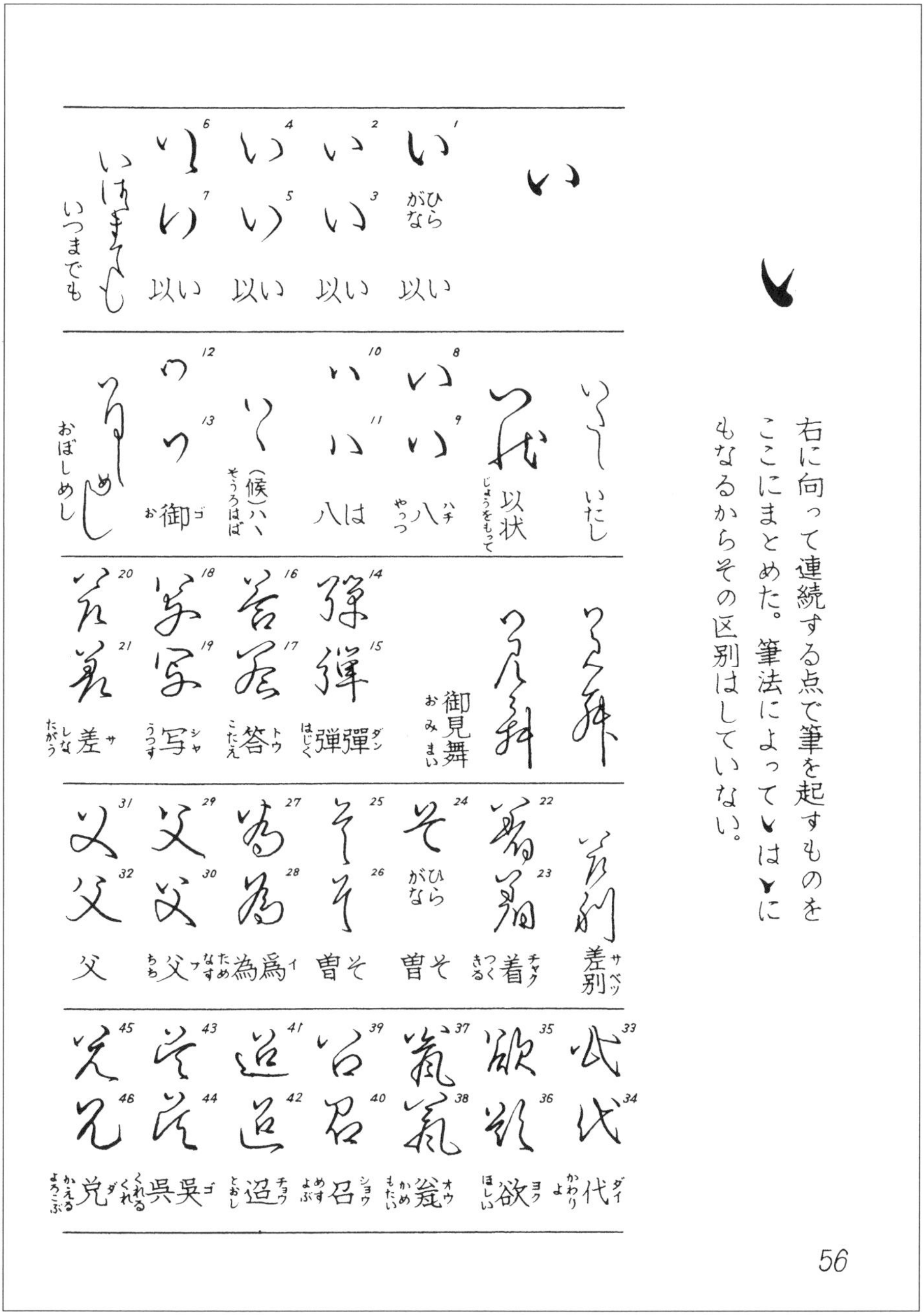
い

右に向って連続する点で筆を起すものをここにまとめた。筆法によってㇾはヽにもなるからその区別はしていない。

ひらがな 1 2 3 以い

4 5 以い

6 7 以い

いつまでも

いたし

以状《じょうをもって》

8 9 八《ハチ》《やっつ》

10 11 八は

（候）ハヽ《そうろはば》

12 13 御《ゴ》《お》

おぼしめし

御見舞《おみまい》

14 15 弾彈《ダン》《はじく》

16 17 答《トウ》《こたえ》

18 19 写《シャ》《うつす》

20 21 差《サ》《しな》《たがう》

差別《サベツ》

22 23 着《チャク》《つく》《きる》

ひらがな 24 曽そ

25 26 曽そ

27 28 爲為《イ》《なす》《ため》

29 30 父《フ》《ちち》

31 32 父

33 34 代《ダイ》《かわり》《よ》

35 36 欲《ヨク》《ほしい》

37 38 瓮《オウ》《かめ》《もたい》

39 40 召《ショウ》《めす》《よぶ》

41 42 迢《チョウ》《とおし》

43 44 呉《ゴ》《くれる》《くれ》

45 46 兌《ダ》《かえる》《よろこぶ》

56

『くずし字解読辞典』

増補 かなもじ 変体がな《ひらがな》の解読

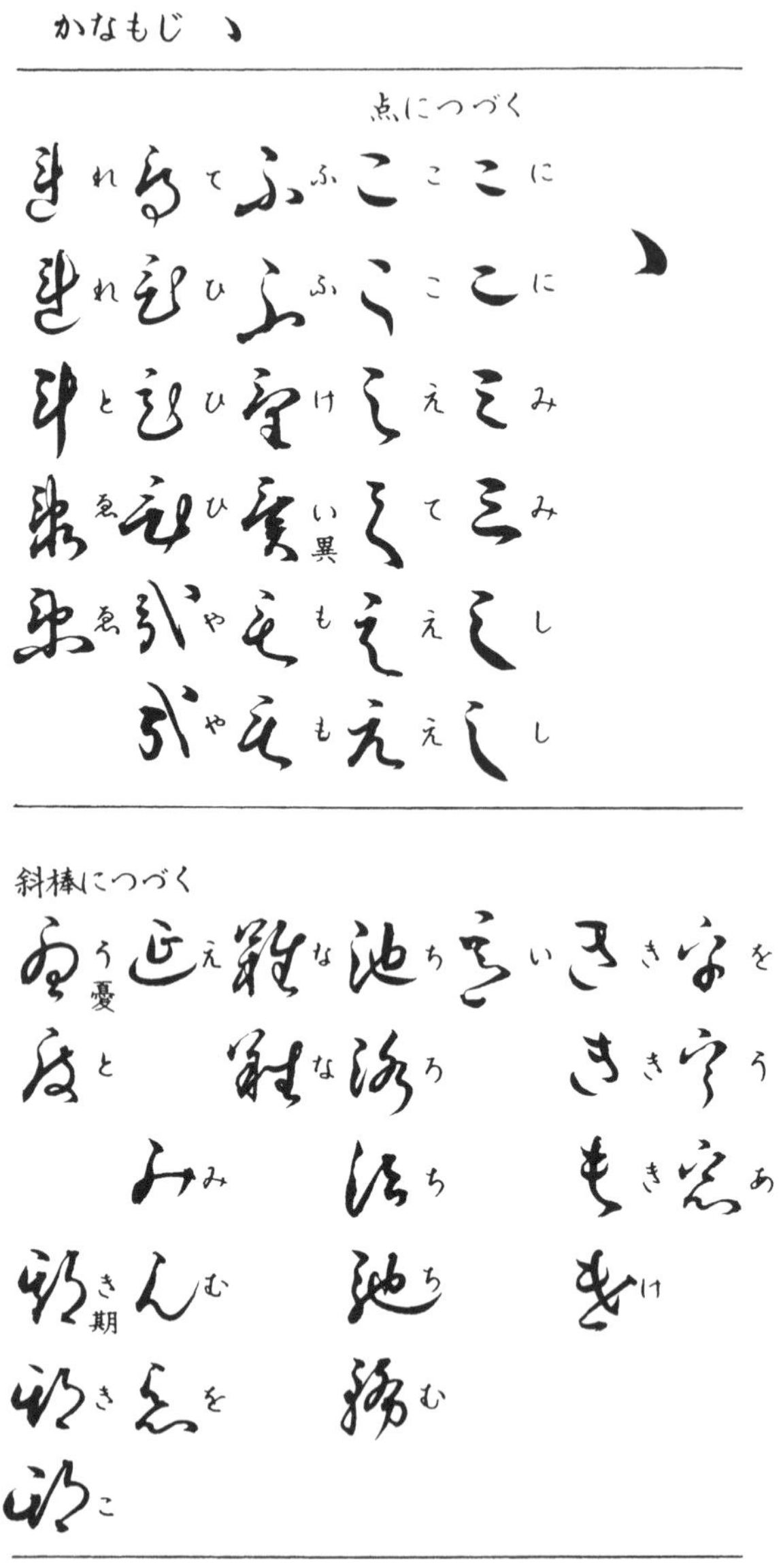

289

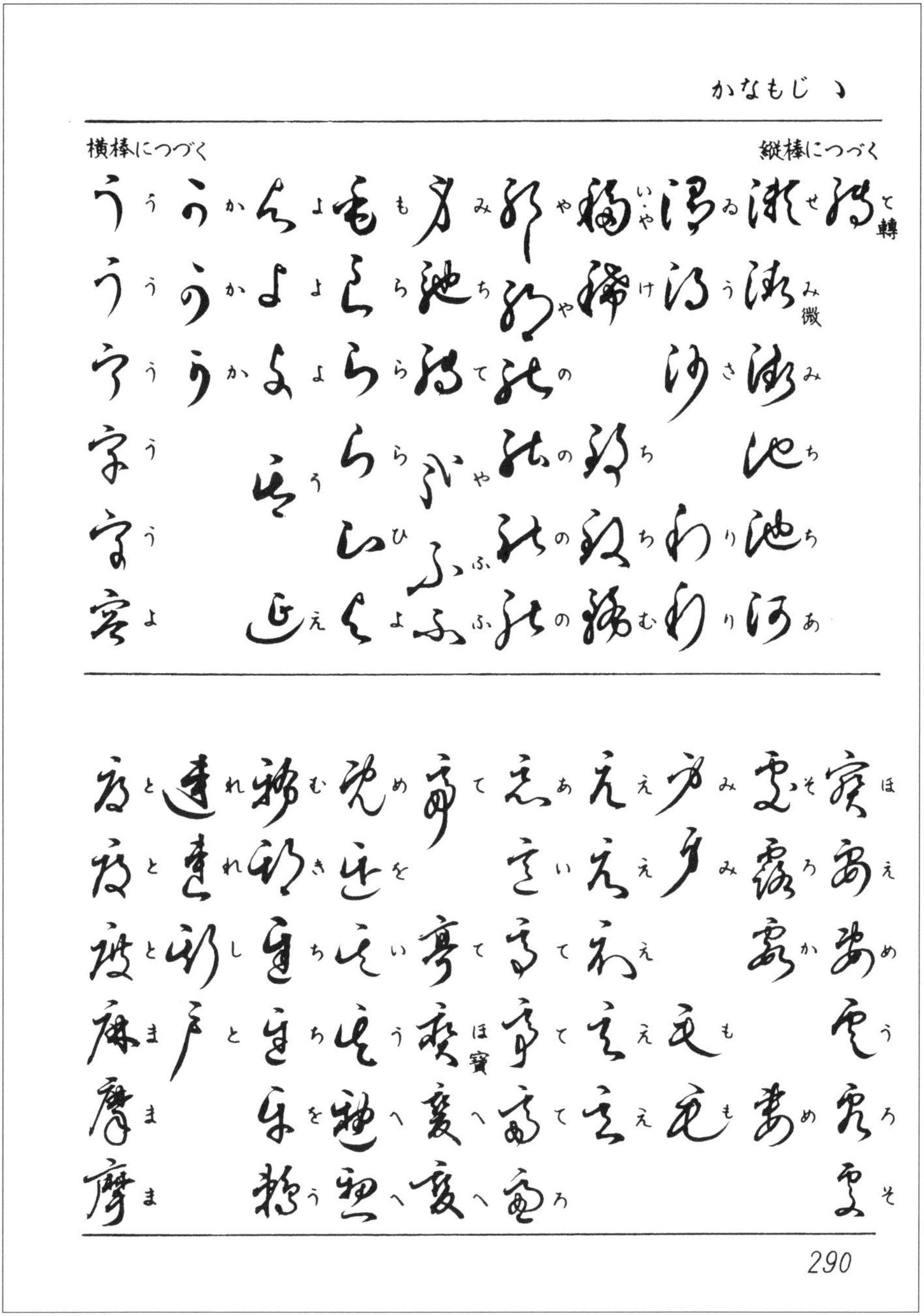

『くずし字解読辞典』

驚くべきことに〝「ひらがな」さえも「起筆順」で載っている〟〝「かなもじ」を、見えたままの起筆から引ける〟ことがわかりました。これがなぜ、驚くべきことかと言うと、多くの辞典では、「かなもじ（ひらがな、変体がな、カタカナ）」のくずしは、「あいうえお順」に載っているからです。

ところが、『くずし字解読辞典』では、「かなもじ」の部分までもが五つのグループ順、つまり見えかたによって分けられています。〝「起筆順」の辞典の面目躍如たるもの〟と言えます。これは、とても特徴的かつ有効な手段です。

「かなもじ」に慣れていない場合には、〝ひらがならしいけれど、まったく見当がつかない〟〝さらさらっと書かれていて、どこまでが一文字かさえわからない〟となりがちです。「ひらがな」が読めるためには、その元になっている漢字を知っているといいのですが、それがわからない時、あるいは見わけられない時には、この〝「かなもじ」用の「起筆順」〟は有効でしょうね。

さらに『くずし字解読辞典』では、ご丁寧なことに、「起筆順」の後に「五十音順書体と文例」として、「あいうえお」順でも「かなもじ」を載せています。まさに、至れり尽くせりです。「かなもじ」の「起筆順」から「五十音順」へと続く箇所の、初めの二ページ部分は、次のようになっています。

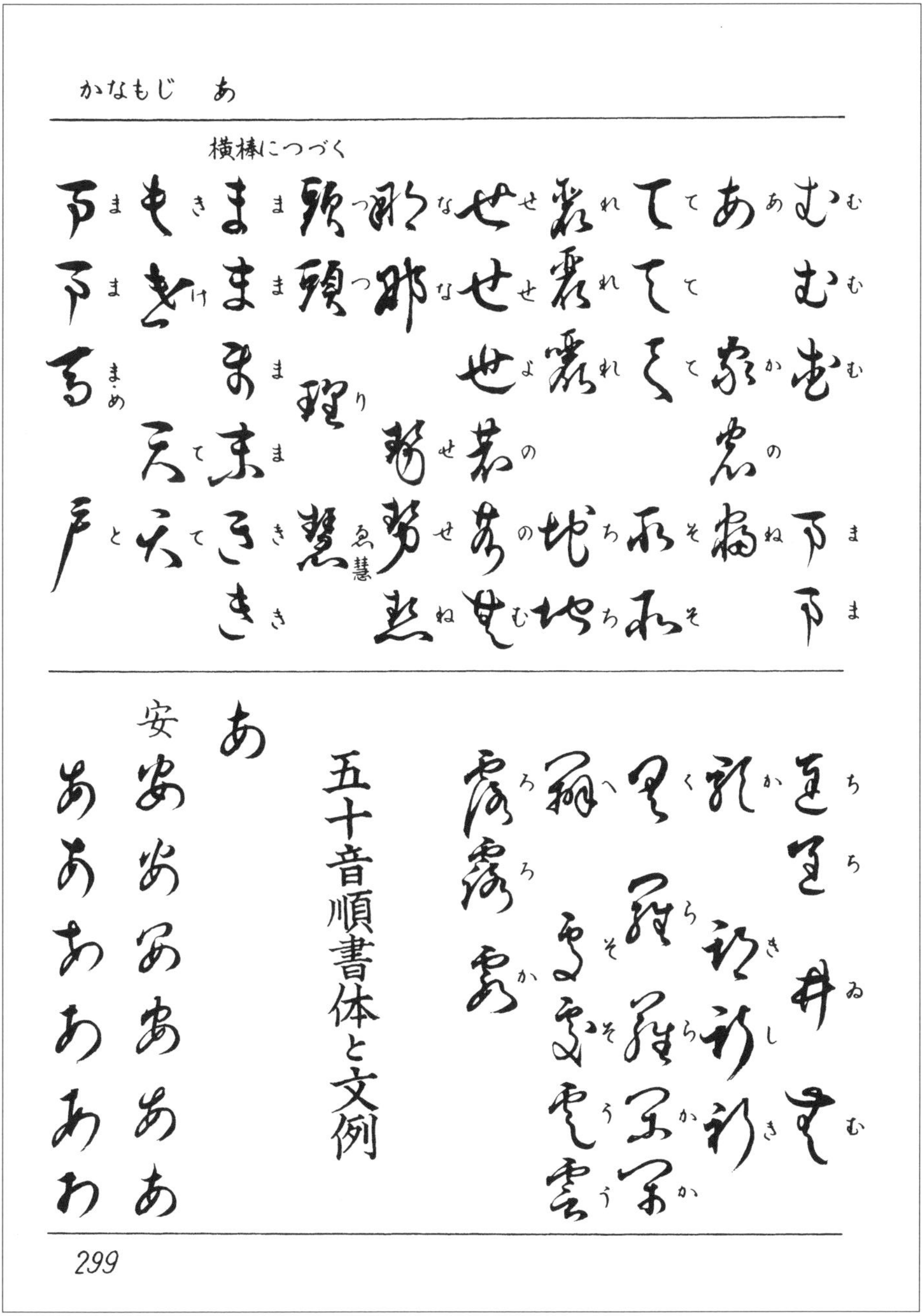

『くずし字解読辞典』

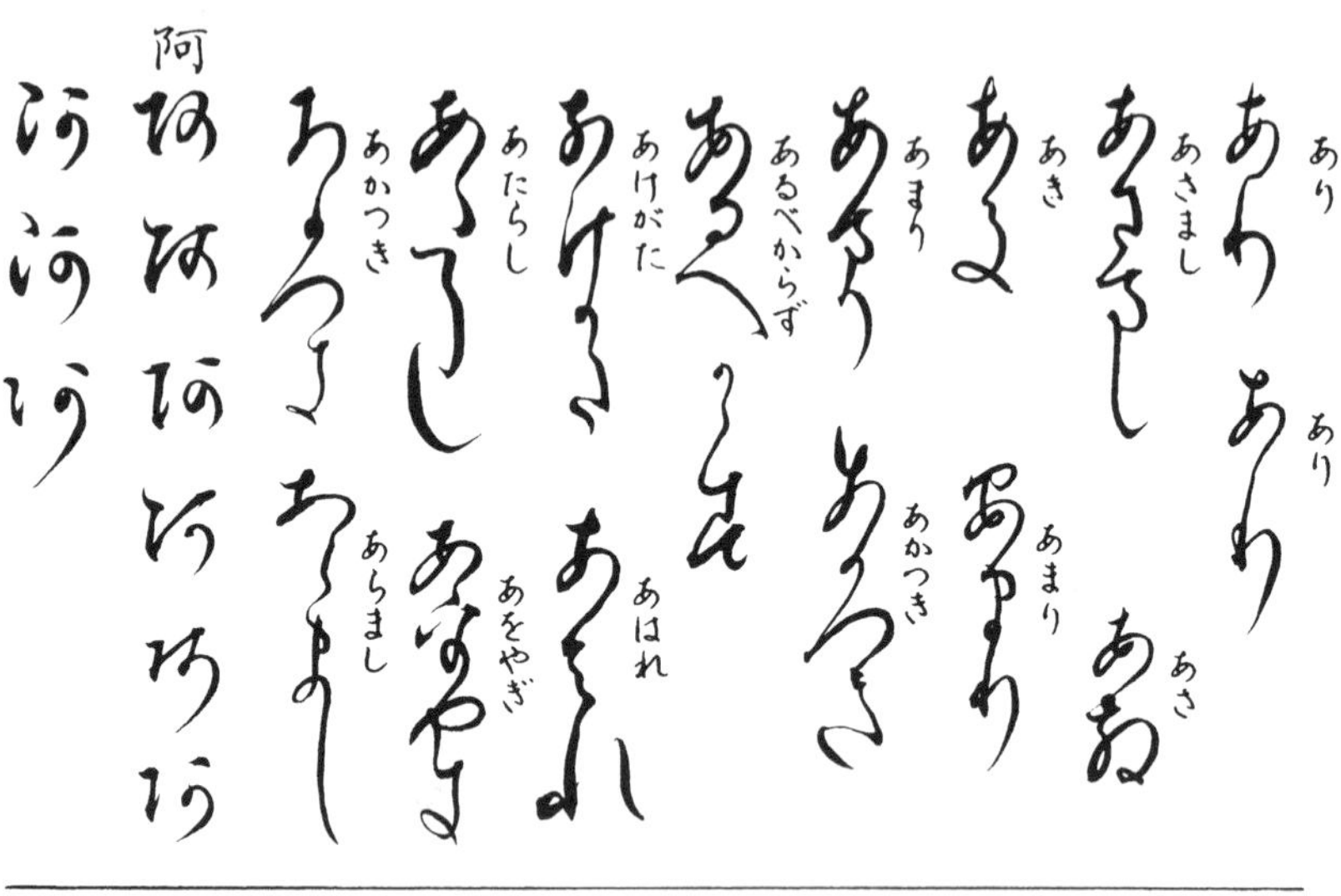
あり
あさまし
あき
あまり
あるべからず
あけがた
あたらし
あかつき
阿
あり
あさ
あまり
あかつき
あはれ
あをやぎ
あらまし

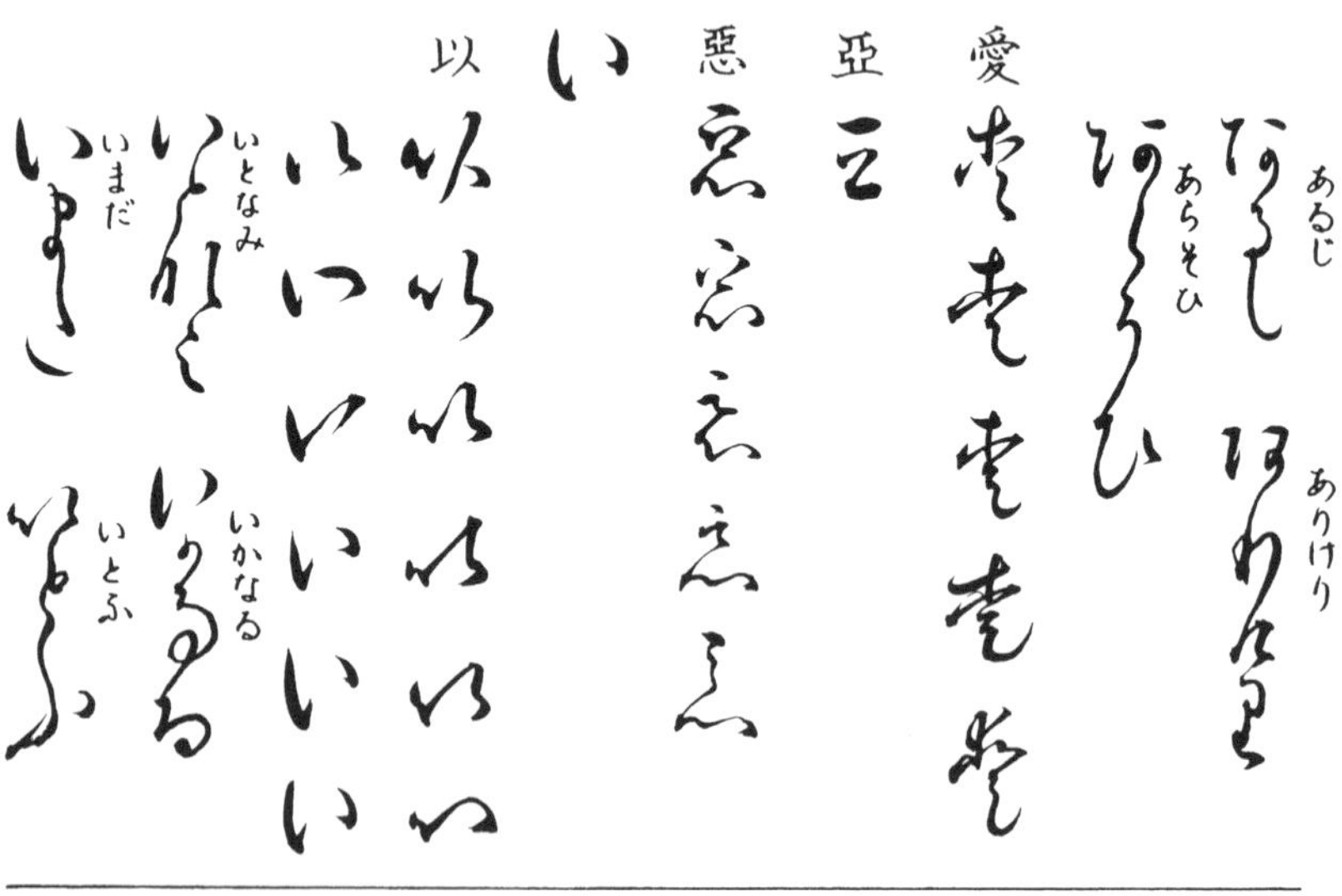
あるじ
あらそひ
愛
亞
悪
い
以
いとなみ
いまだ
ありけり
いかなる
いとふ

300

「五十音順」のほうは、「かなもじ」を学ぶためのとてもよい練習問題になります。右横に書かれた読み（答え）を隠して、〝かなもじ熟語〟（複数の「かなもじ」による続け字）が読めるかどうか、試してみるといいですね。右のページを例に取ってみましょう。

これを「あさ」と読めた方は、「かな」がかなり得意ですね。読めない方も、がっかりする必要はありません。学びのチャンスです。がなぜ「さ」なのでしょうか。早速、この「五十音順」の「さ」の項を開けます。すると、「さ」と読む漢字には、左・佐・沙・差……などがあることがわかり、その中からに似ているものをさがすと、

散

「安散」で「あさ」だったことがわかります。同様に、「あき」は、「安支」だと調べがつきます。このように元の漢字が何かを知って読むことがとても重要です。それは「かな」を読むための大きな力になると同時に、「散」「支」などの漢字も読めるようになっていくことになりますから、一挙両得です。

さて、次のページを見てみてください。

あ

かな編

あ

1 安《アン》

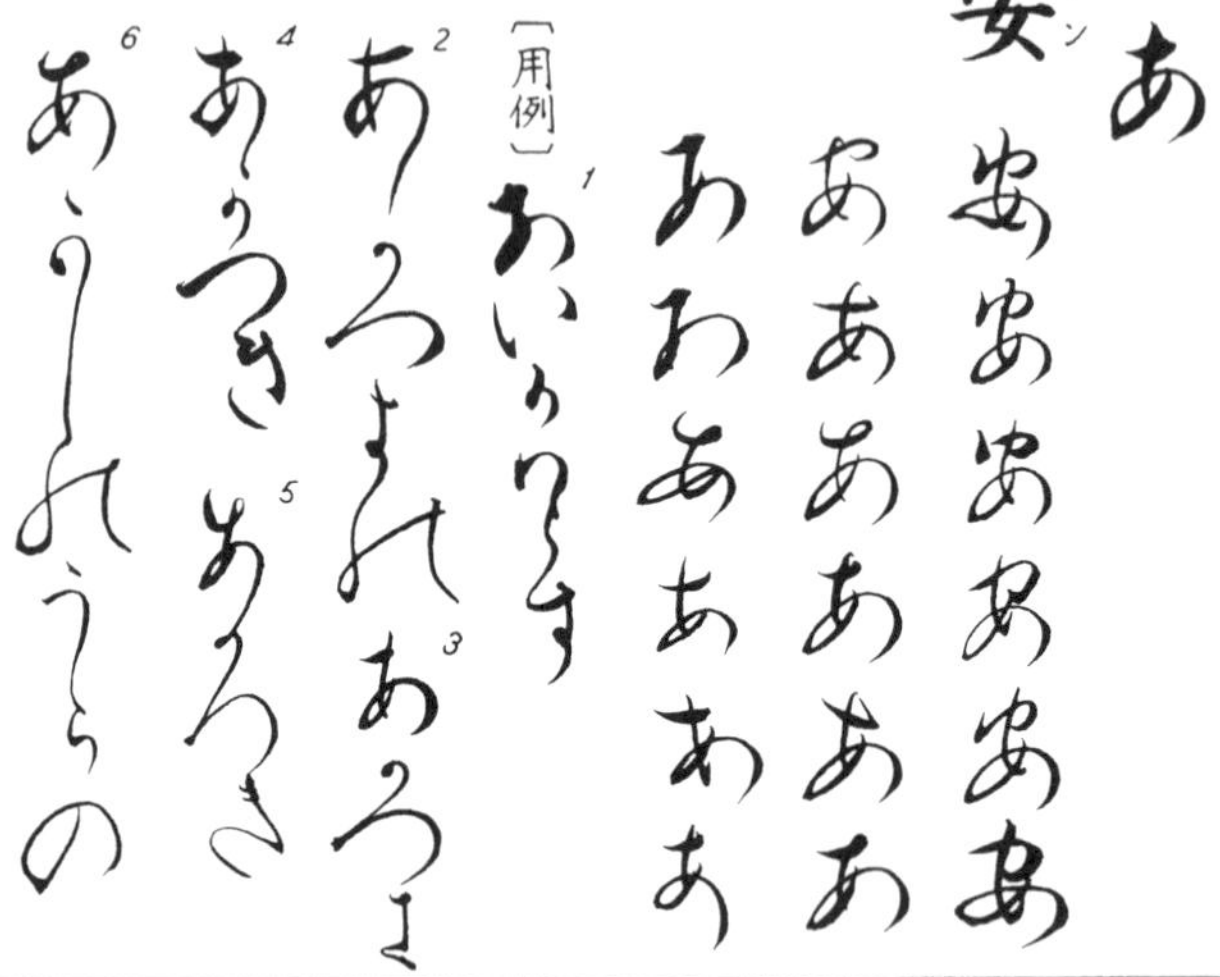

〔用例〕

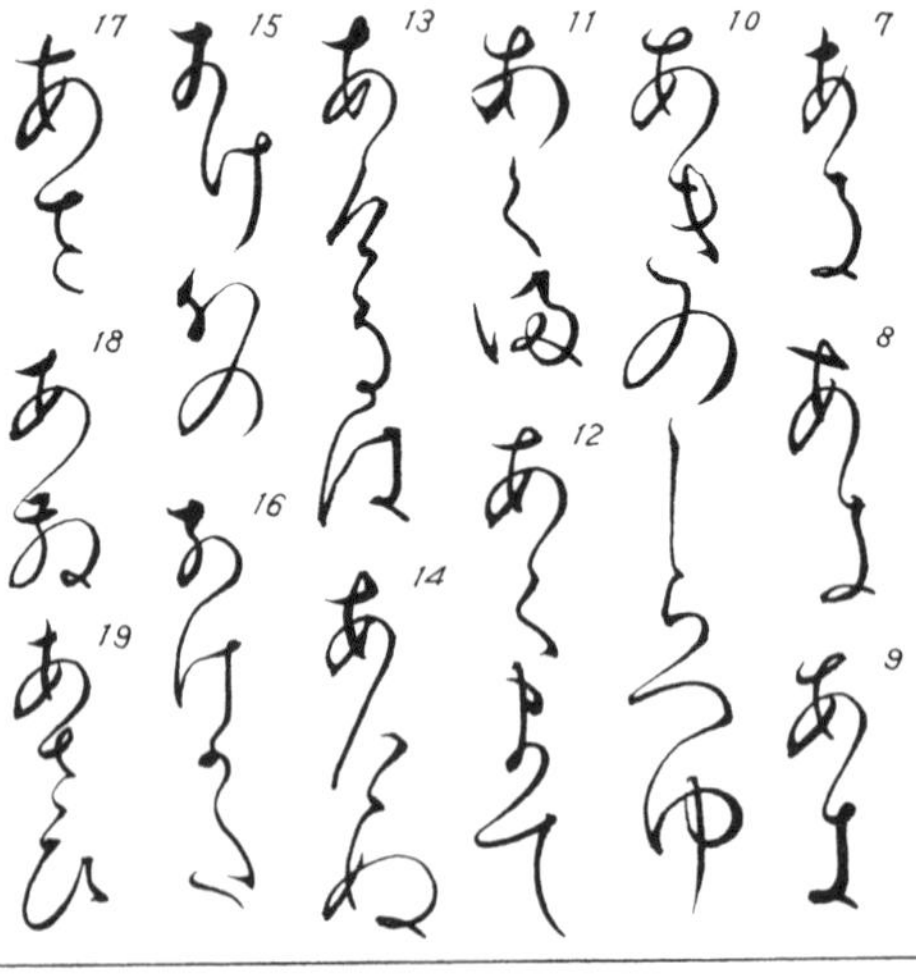

1 あいかはらす《ず》 2 あかつきの 3~5 あかつき 6 あかしのうらの 7~9 あき 10 あきのしらつゆ 11 あくま 12 あくまて《で》 13 あけなは《ば》 14 あけぬ 15 あけほ《ぼ》の 16 あけかた 17 18 あさ 19 あさひ

1237

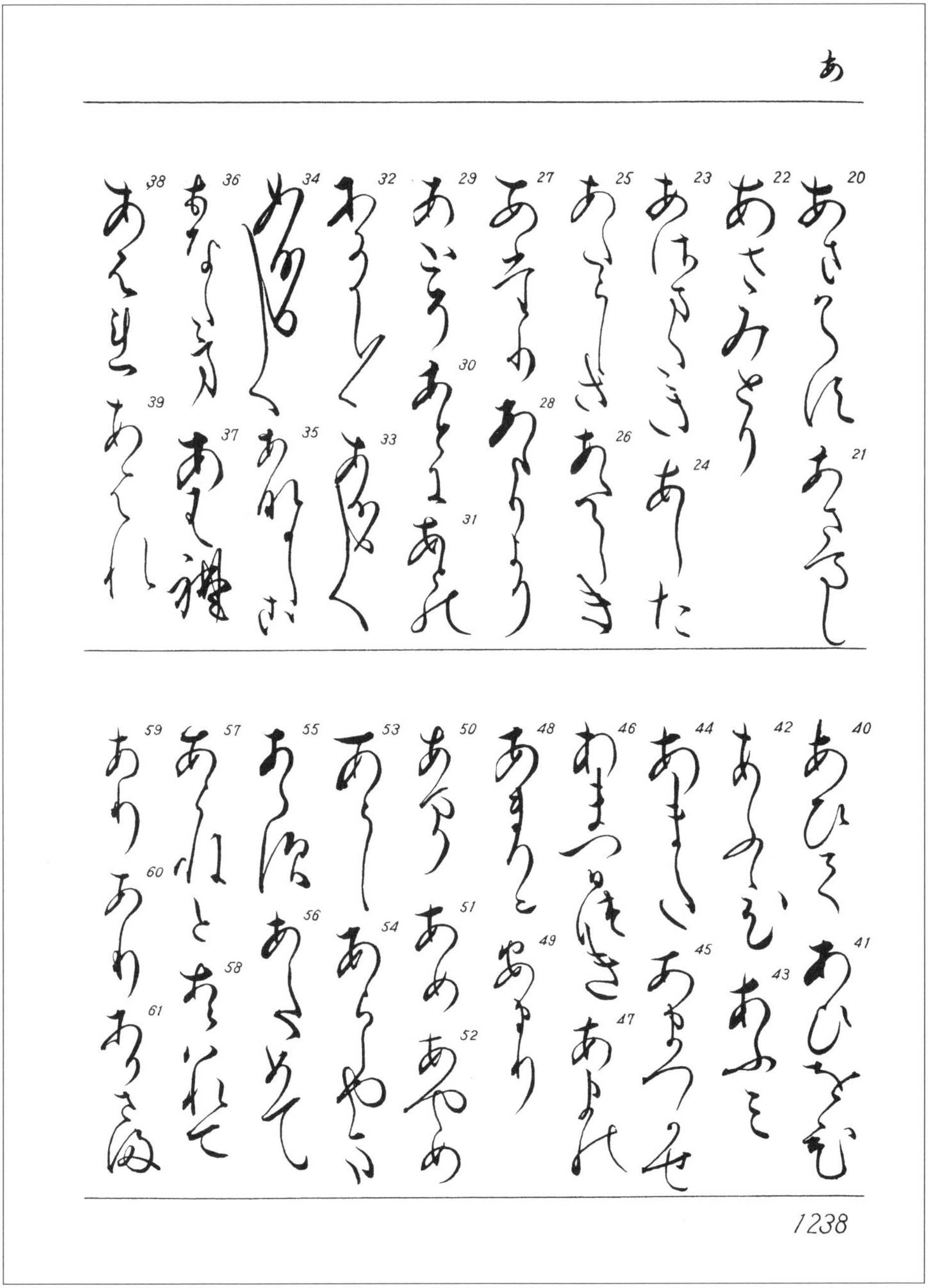

『くずし字用例辞典』

びっくりするほどたくさんの〝かなもじ熟語〟が載っていますね。

これは、前章でお話した「部首別」の辞典、『くずし字用例辞典』の「かな編」です。『くずし字用例辞典』では、第二章でご紹介した「部首別」の「漢字編」の後に、「五十音順」に「かな編」があります。134・135ページは、その最初の二ページです。

「あ」と読む漢字のひとつ目として「安」のくずしが書かれ、用例が19挙げられ、その読みがあります。用例はさらに20から61まで続いていますが、これにはさらに続きがあって69までの用例が示され、その後ろに20から69までの読みがあります。

これだけの量・種類の〝かなもじ熟語〟が読めるようになったらすごいですね。ここでは、読み（答え）が右横ではなく後ろに書いてあります。力試しや練習問題として使うと、徹底的に「かな」に強くなることができます。

その際大切なことは……、そうでしたね、元の漢字をひとつひとつ確認して、ついでに漢字にも強くなってください。「何となく読める」ではなく、「納得して読める」と大きな自信になり、これからの意欲につながります。先ほどの『くずし字解読辞典』の時と同じように、数ページ先を探せば、元の漢字は載っています。

17

18

18 あゐは、133ページで見たあゐにそっくりですから「安散」の「あさ」ですね。

17 あをのをのほうは、何でしょうか。これも「かな編」の先のほうにあります。

75 左《サ》

「左」の「さ」で17あを「あさ（安左）」だとわかりました。

このように、ページを前や後ろに繰って、調べながら読んでいくと、は行→ま行→や行……と「五十音順」の終わりに近づくほど「かな」の蓄積が増えてきて、〝読めるようになってきた〟と実感できます。読むだけでなく、自分の名前やいろいろな言葉を「かな」で続けて書いてみてもいいですね。うまく書けなくても、だれも見ていないのですから、かまいません。なるほど、と得心がいきます。

せっかくあるものなら上手に使いこなしたい。引くだけではもったいないですね。工夫しながら辞典で楽しむことが、とても大切だと思います。

《おすすめ　その9》（113ページ）

古文書に関する基礎知識を増やそう

＊古文書に伊州（いしゅう）と出てきたら、どこの国でしょう。伊豆？・伊賀？・伊勢？・伊予？

＊伊豆は豆州（ずしゅう）、伊勢は勢州（せいしゅう）、伊予は予州（よしゅう）。

＊ということは、伊州（いしゅう）とあれば、伊賀国（いがのくに）のことですね。

＊逆に、音で「じょうしゅう」と聞いても、常州「常陸（ひたち）」か、上州「上野（こうずけ）」か、城州「山城（やましろ）」か、文書を見なければわかりません。

＊面白いですね。知りたいことは、いっぱいあります（左ページは『江戸時代&古文書　虎の巻』。国名の次に書かれているのは郡名）。

＊未知の世界があるからこそ、わくわくする。知らないことは宝物です。

＊老中・町奉行などの名前が出てきたら調べたくなるでしょう。

＊干支・閏月などの暦や、方位の知識がないと理解できない古文書もあります。

＊お手持ちの、国語辞典や漢和辞典、もちろん電子辞書などでも、たいていのことは調べられます。歴史辞典・地名辞典・百科事典、専門書など、自分が使いやすい本、自分に合った方法で、無理をせずに楽しんで知識を増やしていってください。

春日井（かすがい）
知多（ちた）
中島（なかしま）
丹羽（にわ）
葉栗（はぐり）

◉美濃（みの）……**岐阜**
濃州（のうしゅう）
厚見（あつみ）
安八（あんぱち）
池田（いけだ）
石津（いしづ）
恵那（えな）
大野（おおの）
海西（かいさい）
各務（かかみ）
方県（かたがた）
可児（かに）
加茂（かも）
郡上（ぐじょう）
席田（むしろだ）
多芸（たぎ）

土岐（とき）
中島（なかしま）
羽栗（はぐり）
不破（ふわ）
本巣（もとす）
武儀（むぎ）
山県（やまがた）

◉飛驒（ひだ）……**岐阜**
飛州（ひしゅう）
大野（おおの）
益田（ました）
吉城（よしき）

◉伊勢（いせ）……**三重**
勢州（せいしゅう）
安芸（あげ）
朝明（あさけ）
安濃（あのう）
飯高（いいたか）
飯野（いいの）
一志（いちし）
員弁（いなべ）

河曲（かわわ）
桑名（くわな）
鈴鹿（すずか）
多気（たき）
三重（みえ）
度会（わたらい）

◉志摩（しま）……**三重**
志州（ししゅう）
英虞（あご）
答志（とうし）

◉伊賀（いが）……**三重**
伊州（いしゅう）
阿拝（あはい）
伊賀（いが）
名張（なばり）
山田（やまだ）

◉近江（おうみ）……**滋賀**
江州（ごうしゅう）
浅井（あざい）
伊香（いか）
犬上（いぬかみ）

愛知（えち）
蒲生（がもう）
神崎（かんざき）
栗太（くりた）
甲賀（こうか）
坂田（さかた）
滋賀（しが）
高島（たかしま）
野洲（やす）

◉山城（やましろ）……**京都**
城州（じょうしゅう）
宇治（うじ）
愛宕（おたぎ）
乙訓（おとくに）
葛野（かどの）
紀伊（きい）
久世（くせ）
相楽（そうらく）
綴喜（つづき）

◉丹波（たんば）……**京都**
丹州（たんしゅう）

【第四章】
付録の部分こそ宝物

〈カタカナのくずし〉と〈扁旁くずし基準〉

読めないくずし字を辞典でどのように引くか。それぞれの辞典の使いかたについては、第三章まででほとんどのお話をしました。

でも、辞典の活用法は、それだけではありません。

「部首別」の辞典にも「起筆順」の辞典にも、本編の膨大なくずし字群の後ろには、「付録」あるいは「参考」などと書かれた項目があります。

そこにこそ、それぞれの辞典の特色が出ていて面白いのです。辞典の魅力はそこにある、と言ってもいいかもしれません。お手元に辞典がありましたら、是非見てみてください。

たとえば、「起筆順」の『くずし字解読辞典』の「付録」とされた部分には、どのようなものが載っているか、ひとつひとつ、ご紹介していきましょう。

〈カタカナ一覧〉

多くの辞典では「かなもじ」あるいは「変体仮名」などとして、まとめて「カナ」を載せていることが多いです。このように「カタカナ」として分けてあるのは貴重かもしれません。

左のページは、その一部です。

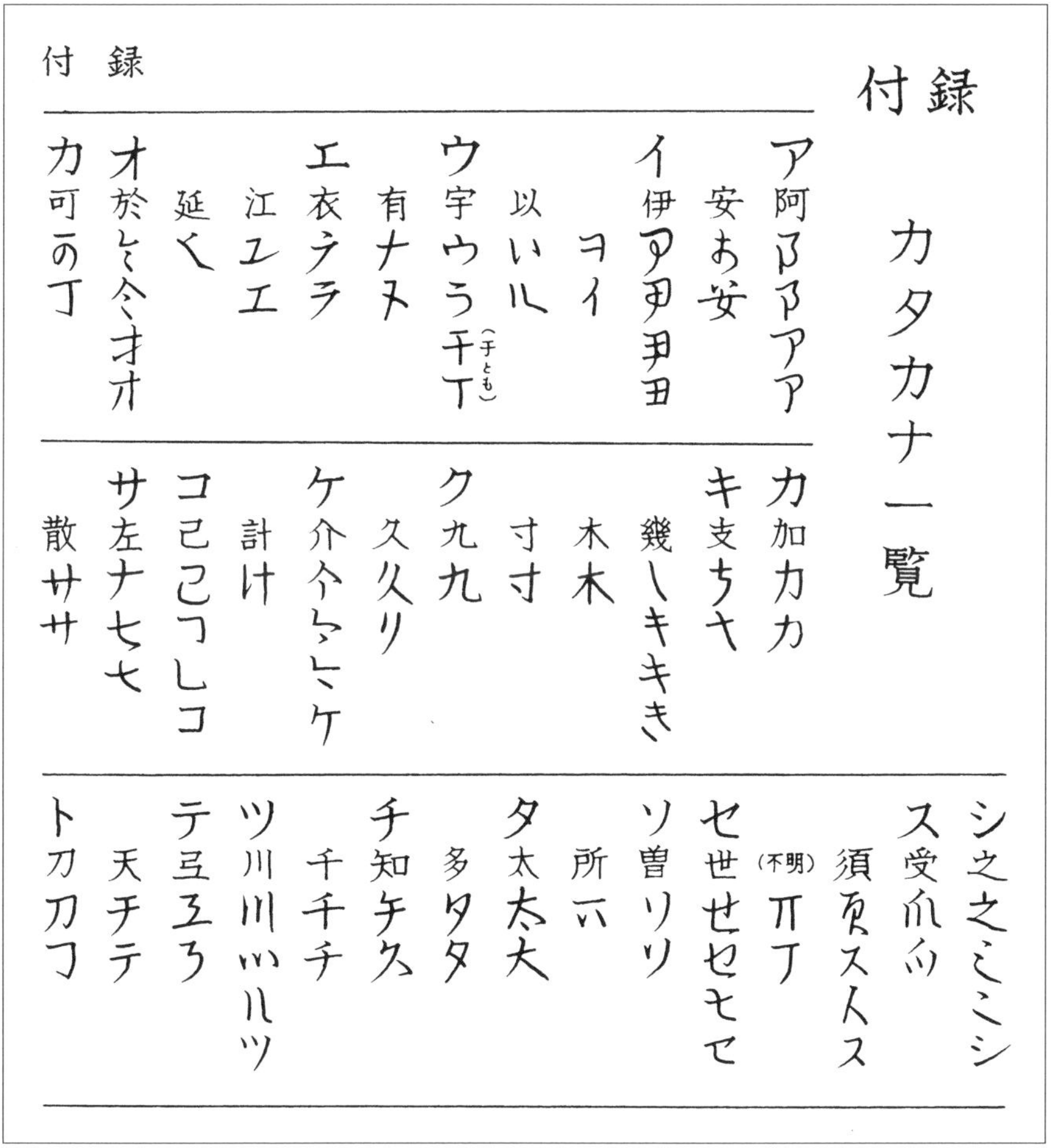

〝今は見かけないこんな形のカタカナがあったのか〟〝このカタカナは、この漢字が元になっていたのか〟と、新鮮に感じる字が多いと思います。

中世・古代と遡るほど、あるいは様々な分野によっても、古文書にはいろいろな「カナ」が書かれていますので、〝見たことがない「カナ」らしきもの〟に出会った時には、とても参考になるページです。

〈扁旁くずし基準〉

第二章の69から71ページで、「部首別」の『くずし字用例辞典』のほうの「扁旁冠脚のくずし方」を見ました。部首ごとにいくつかの漢字が載っていて、とてもよい練習問題になる、というお話をして、実践もしてみました。

『くずし字解読辞典』の「扁旁くずし基準」は、これとは構成が違いますが、なるほどと思わせる面白いものです。「起筆順」の辞典が、「部首別」に言及している箇所と言えます。

左ページのような記載が九ページほど続いています。

一行に、同じ文字のいろいろなくずしが書かれていますね。あっと思うのは、一番上に書かれたものが一番くずれていて、下に行くほど楷書に近い形になっていること。たいていはその逆が多いですから、これもまたなるほどと思わせる構成です。

〝一番上のくずしを見ただけで何の字かわかるか〟などと自分で腕試しをすると、楽しみながら読む力を養えそうですね。

そして、一番下には、その漢字が左右・上下の部分に分かれて書かれています。その上に書かれていたくずし字を分解してみると、それぞれの部分のくずしと対応できます。私たちが本書の第二章第三節で練習した〝部首で見わけるためには、まずそのくずし字が、どのような部分から成り立っているかを知らなければならない〟に通じます。

付 録

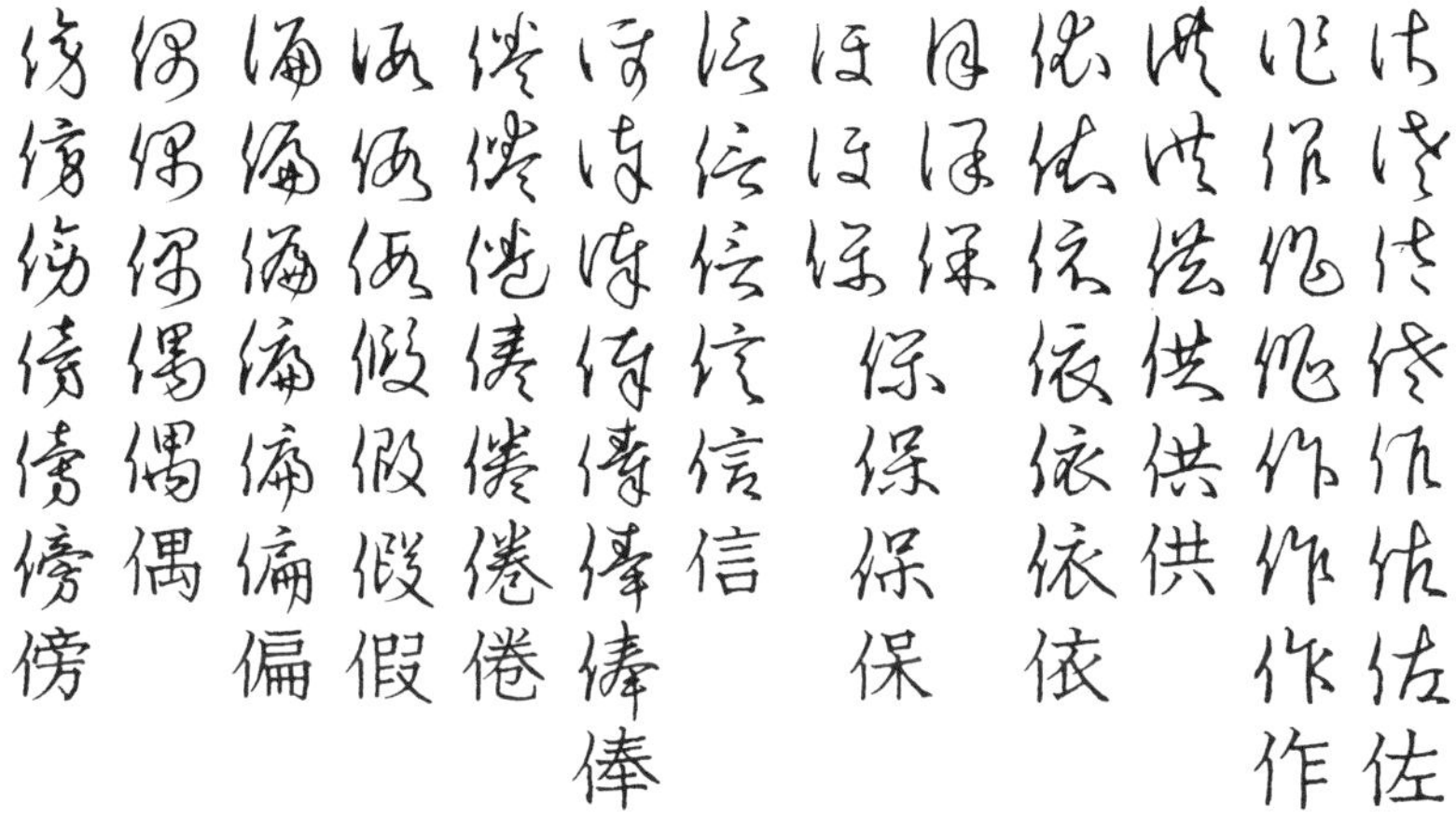

佐《たすく》 サ　作《つくる》 サク　供《とも》 キョウ　依《よる》 イ　保《たもつ》 ホ　信《まこと》 シン　俸 ホウ　倦《うむ》 ケン　仮《かり》假 カ　偏《かたよる》 ヘン　偶《たまたま》 グウ　傍《かたわら》 ボウ

イ左　イ乍　イ共　イ衣　イ 口木　イ言　イ奉　イ巻　イ段　イ扁　イ禺　イ旁

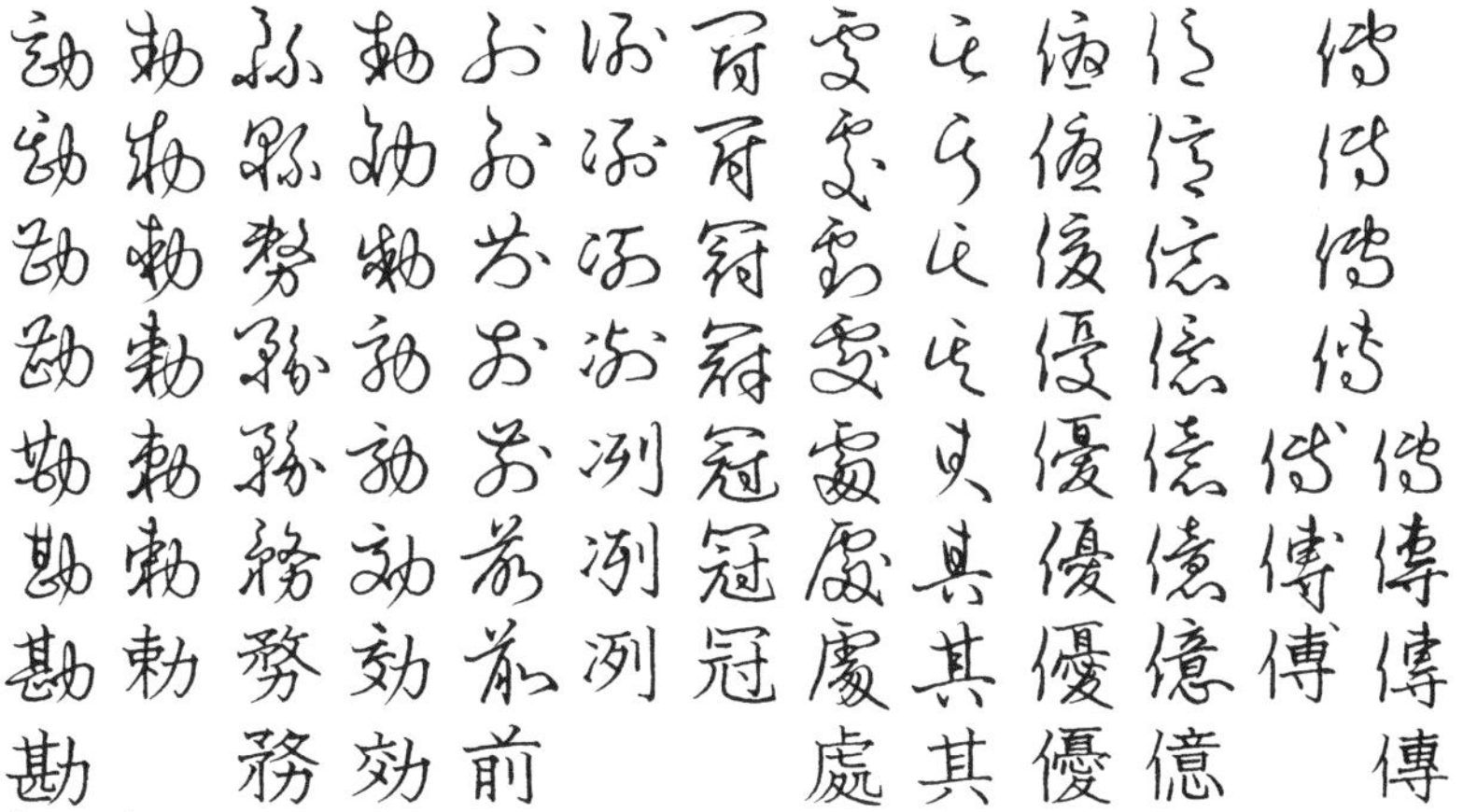

伝《つたう》傳 デン　傅《たすく》 フ　億《はかる》 オク　優《まさる やさし》 ユウ　其《その》 キ　処《ところ》處 ショ　冠《かんむり》 カン　冽《ひややか》 レツ　前《まえ》 ゼン　効《ききめ》 コウ　務《つとめ》 ム　勅《みことのり》 チョク　勘《かんがえる》 カン

イ專　イ尃　イ意　イ憂　虍 処　冖 元寸　冫 歹刂　䒑 月刂　交力　夂 矛力　束力　甚力

279

『くずし字解読辞典』

動《ドウ》《うごく》 重力
取《シュ》《とる》 耳又
呈《テイ》《しめす》 口 王(壬)
喜《キ》《よろこぶ》
嗟《サ》《なげく》 口差
國《コク》 国《くに》 口 或
圓《エン》 円《まるい》 口 員
坊《ボウ》《まち》 土方
城《ジョウ》《しろ》 土成
堂《ドウ》
場《ジョウ》《ば》 土易
堀《クツ》《ほり》 土屈 尸出
執《シツ》《とる》 幸丸

壁《ヘキ》《かべ》 辟 土
夏《ゲカ》《なつ》
奥《オウ》《おく》
姪《テツ》《めい》 女至
婦《フ》 女帚
安《アン》《やすし》 宀 女
奨《ショウ》《すすむ》 將 大
寂《セキ》《さびし》 宀 叔
密《ミツ》《ひそか》 宀 必 山
察《サツ》 宀 祭
當《トウ》 当《あたる》
就《シュウ》《つく》 京尤
層《ソウ》 尸 曽

右ページ上段の後ろから二つ目の「堀」を例にしてみましょう。

三つの部分「土つちへん」「尸しかばね」「出」のくずしかたが、いっぺんにわかりますね。「土つちへん」については、その四つ前の「坊」から二つ先の「壁」まで、下に「土」が書かれた字も含めて載っています。〝くずし字の一部に「土」があったら目安になる〟とわかります。ここにはありませんが「堅（かたく）」なども古文書によく出てくる字です。

「尸しかばね」は、上の部分が横棒になってしまったり、それさえなくて斜めの線から「出」につながっていっていることもわかります。下段の「層」と比べることもできます。

「出」については、典型的なパターンのくずしが出ています。

　横棒を二本引いてから丸まって、上に行って縦棒を下ろして点

　先に縦棒を引いてから、横棒二本に点

　カタカナの「キ」のような形に点

などと、言葉に出してみるといいですね。「出」も「土」同様に、くずし字の一部にあると解読のヒントになる字です。

「扁旁くずし基準」も、練習問題としても読み物としても心強い「付録」です。

第二節

樹形図のような「ヘン」の変化

引き続き「起筆順」の『くずし字解読辞典』の「付録」です。

タイトルは〈似た形のヘンの変化〉となっていて、左ページはそのひとつ目です。

面白い形をしていますね。まるで、樹形図のようです。どう見たらよいのでしょうか。

いったい、何が言いたいのでしょう。

一番上にあるは、「縦棒一本のくずしに見えるヘン」ですね。〝このように書かれたくずしは、何偏の可能性があるか〟を示した図のようです。

一番下までたどっていくと、八つの偏が書かれています。

〝「縦棒一本のくずしに見える偏」は「さんずい」か「にんべん」か「ぎょうにんべん」の可能性が大きい〟と私はお話ししているのですが、「にすい」も含めて、その四つが中央にあります。この四つの偏は、くずされていくと、最終的には縦一本の線でスッと書かれることを、この図は示しています。下から上をたどったほうが見やすいかもしれません。「ぎょうにんべん」を見ても、だんだん簡略化されて、引っかかりがなくなり滑らかになっています。

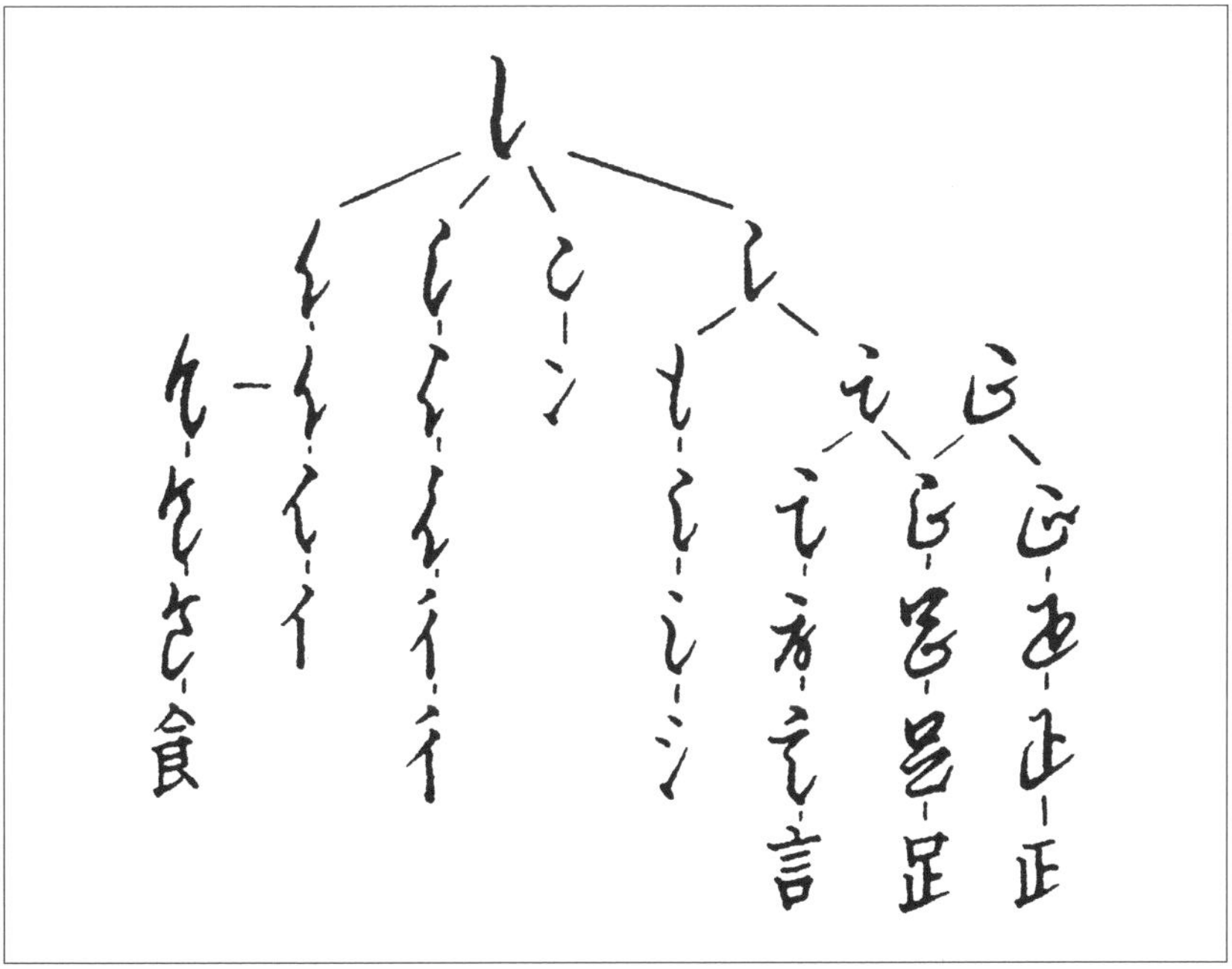

『くずし字解読辞典』

四つ以外の場合を、見てみましょう。

左端は「食しょくへん」ですね。ひと筆で書かれながら角が取れ、おうとつがなくなっていく。一直線までにはならなくても、ぐっと引き伸ばされたような形になっていくは、よく見る「しょくへん」のくずしです。

右側には「ごんべん」が書かれています。

逆にたどってみましょう。

言

「難計（はかりがたし）」を古文書の中から拾って「計」を見ると、確かにそうですね。

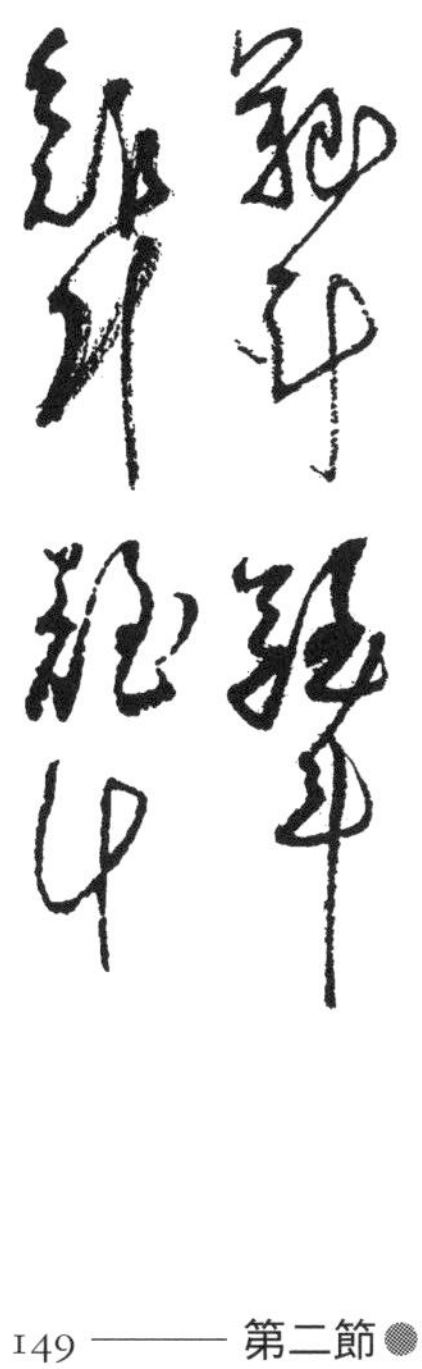

あとの二つは「𧾷あしへん」と「𤴔」ですね。

「𧾷あしへん」のくずしは、「ごんべん」のくずしや「正」のくずしに似ている、と第二章（82ページ）でお話しましたが、ここにも三つ並んでいましたね。特に、「𧾷あしへん」の上の「口」の部分がくずれて横棒になると、「𤴔」になりますから、この二つが似ているのはもっともです。「路」を古文書から拾ってみましょう。

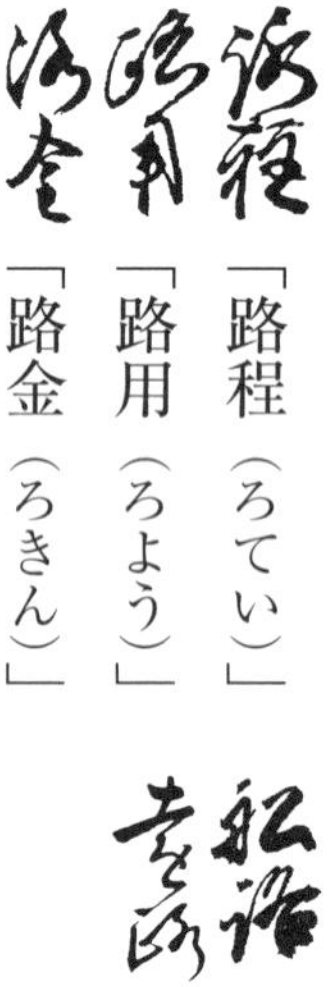

- 「ごんべん」に類似　「路程（ろてい）」　「船路（ふなじ）」
- 「𤴔」に類似　「路用（ろよう）」　「遠路（えんろ）」
- 「縦棒一本のくずしに」　「路金（ろきん）」

大きなグループとしてひとまとまりになっていた八つの偏を見ました。私たちがくずし字を読みながら経験的にわかったことが、樹形図として系統づけられている感じですね。

左ページで、もうひとつ樹形図を見ておきましょう。

縦棒の左下にチェック（✓）が入ったような  です。確かにこのくずしもよく見ますね。

樹形図の一番下をたどって見ると、これは五つの偏と関連があるとしています。

その中で、左から二つ目の「忄りっしんべん」が、このくずしとしては一番多く出てくるでしょう。「快」「怪」「性」「悦」「情」「悴」「慎」「慥」「憚」「憐」など、古文書に出ている用語の中には「りっしんべん」の字がたくさんあります。

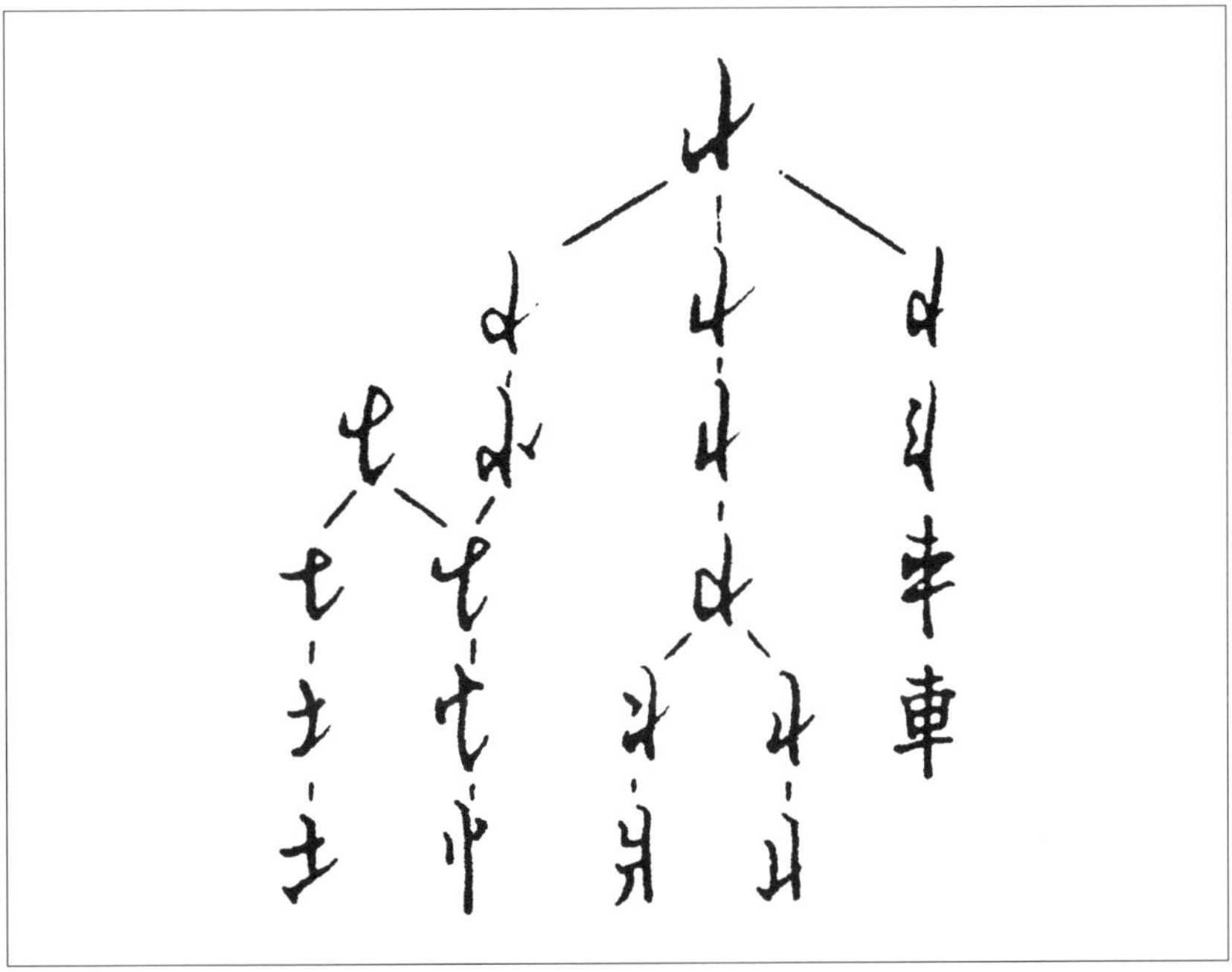

『くずし字解読辞典』

いくつか挙げてみましょう。

「快復（かいふく）」

「怪敷（あやしく）」

「恐悦至極（きょうえつしごく）」

「乍レ憚（はばかりながら）」

「丬しょうへん」の「請状（うけじょう）」や、丬の「収納（しゅうのう）」も、確かにこのくずしになりますね。

「土つちへん」は、「りっしんべん」と似たくずしになるもののことを、この樹形図では言っていますから、次のような例ですね。

「地主（じぬし）」

「御城下（ごじょうか）」

「埒明（らちあけ）」

「町場（まちば）」

残りのひとつは「車くるまへん」です。

「くるまへん」は「東」のくずしによく似たか、左側が波打つのくずしが多いですが、それがもっとくずれたも確かに見ます。

・「東」に類似 「軒別（のきべつ）」 「転宅（てんたく）」

・左側が波打つ 「転役（てんやく）」 「軽々（かるがる）」

・樹形図の形 「軽々敷（かるがるしく）」 「足軽（あしがる）」

これでの樹形図の五つの偏すべてを見ました。

でも、何か物足りない……引っかかる……。

〝この縦棒の左下にチェック（✓）が入ったようなパターンのくずしなら、是非とも「はばへん」を入れてほしい〟と思うからです。中でも「帳」は文書によく出てくる字です。

「人別帳（にんべつちょう）」 「名寄帳（なよせちょう）」

「通帳（かよいちょう）」 「帳外（ちょうがい）」

第二章第四節でも、お話ししましたね。次のような「はばへん」の字も見られます。

「因幡（いなば）」 「因幡守（いなばのかみ）」

「帷子（かたびら）」 「川幅（かわはば）」

やはり「巾」は、こののパターンの偏として、樹形図に書き込んでおきたいです。

『くずし字解読辞典』の〈似た形のヘンの変化〉には、このような大きな樹形図群があと六つ出ています。お手元にあったら見てみてください。それらを見てどのように感じますか。

- 確かに、これとこれはよく似ているとずっと思っていた。
- なるほど、こういうふうにくずれていくから似ていたのか。
- いや、このグループにこれが入っていることには、私は納得できない。
- とてもよく似ているけれども、微妙な違いがある。

などと、古文書初心者の方も、ベテランさんも、今までの経験を踏まえて、共感したり疑問に思ったりするでしょう。そこが大切ですね。面白いもので、くずし字がどう見えるか、それを言葉でどう表現するかは、ひとりひとり違います。これらの樹形図を大いに参考にして、頼りにしながら、それに付け加えたり削ったりしてみるといいですね。

〝これなら、私も作れそう！〟〝私なら、もっと便利で有効なものが作れる〟と〈私の樹形図〉を、新たに初めから作ってみても楽しいと思います（《おすすめ　その10》160ページ）。

『くずし字解読辞典』の付録には、さらに〈似た形のツクリの比較〉〈似た形のカンムリ・タレ等の変化〉も出てきます。これらもくずし字解読の大きな助けになります。もちろん古文書の文意や文脈を読みとりながらくずし字を判断していくことが大切ですが、これらのヒントも借りながら、〈ツクリ〉や〈カンムリ〉と仲良くなっていってください。

第三節　もうひとつの索引

『くずし字解読辞典』には、本書の34ページから36ページでご紹介した「目次」の他に、「字例によるくずし字検索一覧」という箇所があります。

その最初のページが左ページです。「目次」よりこちらのほうが引きやすい、と感じた方もいるかもしれません。ここで字形を見て、似ているのを探すのも手ですね。

「こんな形をしたくずし字は、いったい何だろう」という時に、〝一画目・二画目と探すよりも、全体のイメージや絵柄でくずし字をとらえるのが得意な人〟に向いているのが、この検索一覧かもしれません。左ページを含めて八ページにわたる一覧です。

「目次」と異なって、くずし字そのものが載っていますから、自分が読めない字と似たものさえ見つけられれば、解明は手早いですね。しかも、カッコ内に参考ページも書かれていますから、可能性は広がります。ただし、すべての字が載っているわけではありませんので、ピタリの字がなければ「ここらあたりかな」と見当をつけて、そのページの周辺を探すことになります。「目次」なり「字例によるくずし字検索一覧」なり、その時の自分に合った方法を利用して、これならピンとくるという使いかたを見つけられるといいですね。

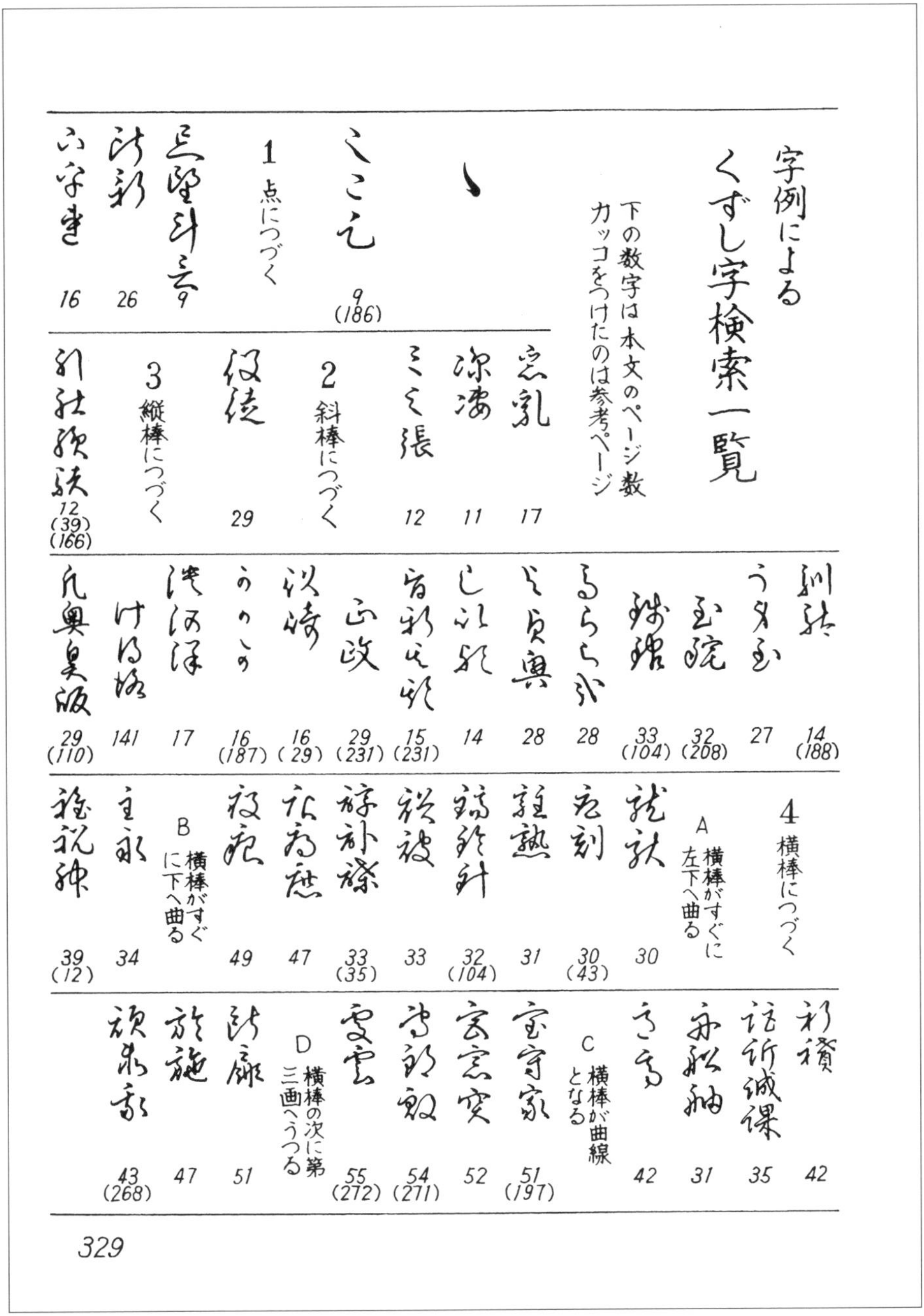
字例によるくずし字検索一覧

下の数字は本文のページ数
カッコをつけたのは参考ページ

1 点につづく

2 斜棒につづく

3 縦棒につづく

4 横棒につづく

A 横棒がすぐに左下へ曲る

B 横棒がすぐに下へ曲る

C 横棒が曲線となる

D 横棒の次に第三画へうつる

329

『くずし字解読辞典』

第四節 変体仮名一覧

『くずし字用例辞典』の膨大な「かな編」については、第三章第四節で詳しくお話しました。辞典として引くだけでなく、読み物としても練習問題としても最適でしたね。

『くずし字解読辞典』で、それに当たるのが「増補かなもじひらがな変体がなの解読」で、これも第三章の第四節でその特徴をお話しました。「かなもじ」が〝起筆順〟で出ていましたよね。その「何の字だか皆目見当がつかないけれど、たぶんカナだろう」という時に役立ちます。その後ろに〝あいうえお順〟もあり、こちらも用例が豊富でした。

『古文書小字典』で、その「かな編」にあたるのが、左ページの「変体仮名一覧」です。こちらは、もとになっている漢字の数は先ほどの二冊に比べて少ないですし、用例もありませんが、古文書を読む上でこれを知っていればまず困らないという頻度の高いものを、実際の古文書から拾ってきています。

「あ」については、「安」と「阿」を載せています。『くずし字用例辞典』と『くずし字解読辞典』には、他に「愛」「亜」「悪」もあります。『古文書小字典』でも、本体の漢字の部分には、「愛」も「悪」も載っていますので、「愛」や「悪」を「あ」と読ませるのだ、と気づいた時点で、「変体仮名一覧」にそれらを書き加えていってもいいですね。
ここでも〝手元にある自分の辞典を、自由に進化させる〟ことを楽しんでください。

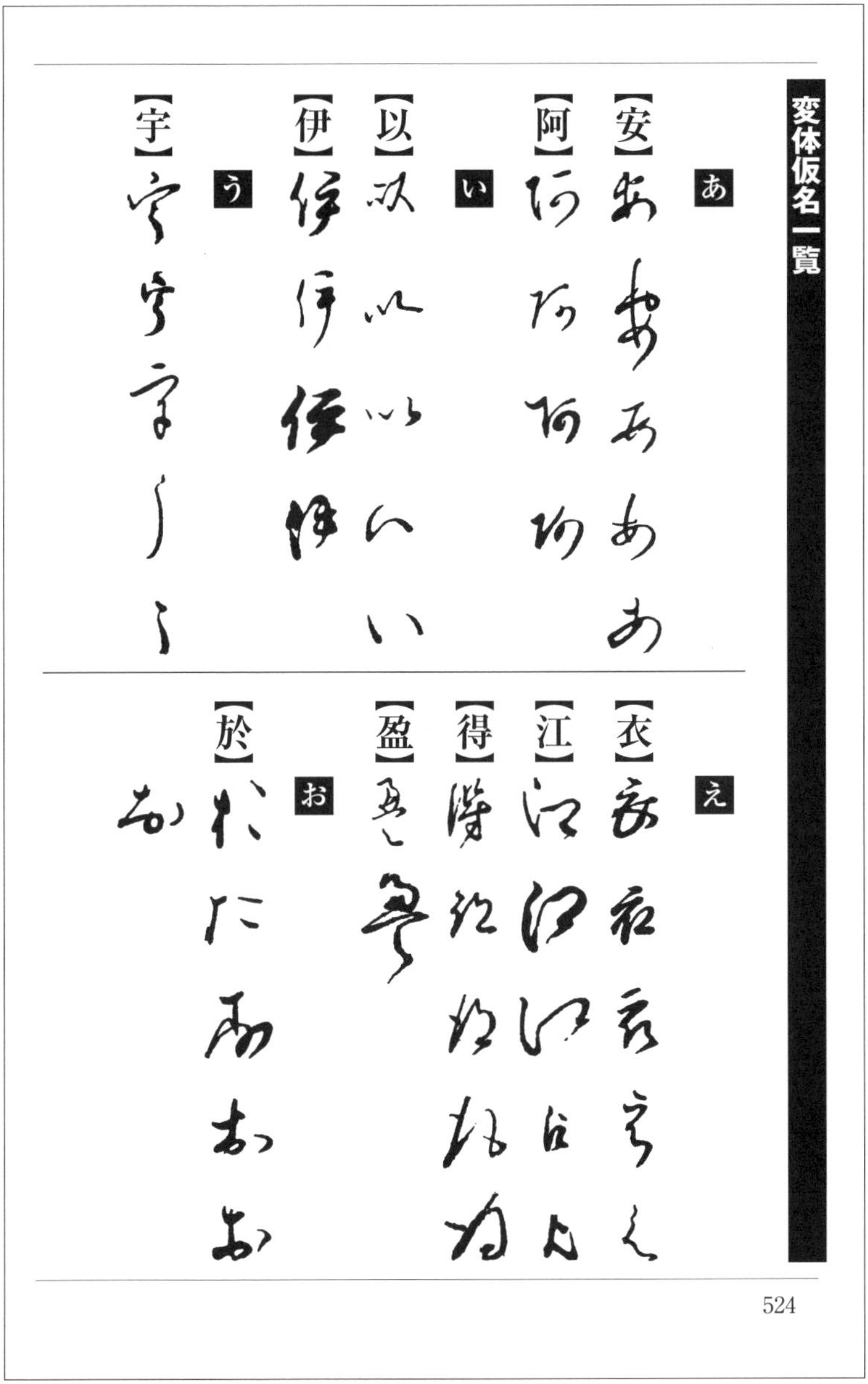

『古文書小字典』

参考資料──時刻と方位・貨幣と相場・度量衡

『古文書小字典』の付録には、参考資料が載っています。

「五つ、と書かれているけれど、何時のことだろう」「四匁って、何の単位だろう」などと、古文書を読みながら知りたいことが出てきた時、この箇所を使うことができます。

左のページは【1　時刻と方位】のページです。時刻法（定時法）（不定時法）と方位、二十四節気が書かれています。

【2　江戸時代の貨幣と相場】には、三貨（金貨・銀貨・銭貨）の通貨体系と交換比率があり、「江戸・大坂の金銀銭相場表」も載っています。【3　度・量・衡表】には、長さ・容積・重さ・面積の単位や、現在の単位との換算が出ています。

これらを導入として、もっと詳しいことをいろいろな本で調べてみるといいですね。

そういう意味では、「柏書房の古文書入門書紹介」のページも参考になります。どんな時にどんな本を読めば有効かが、目的別に一冊ずつ詳しく説明されています。〝これから古文書をはじめようという方には〟〝少しは読めるようになってきた方には〟〝古文書に出てくる人名や地名、暦などが知りたい方には〟など詳しく載っています。

【1 時刻と方位】

時刻法（定時法）

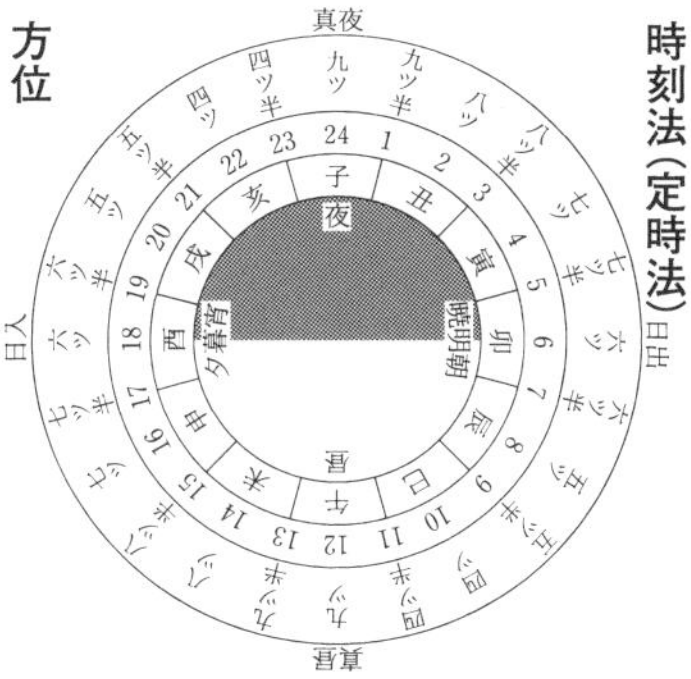

方位

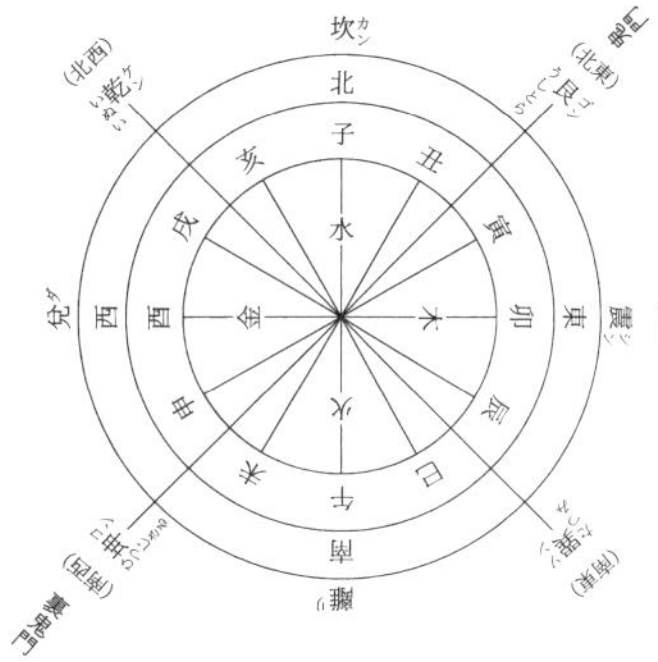

時刻法（不定時法）

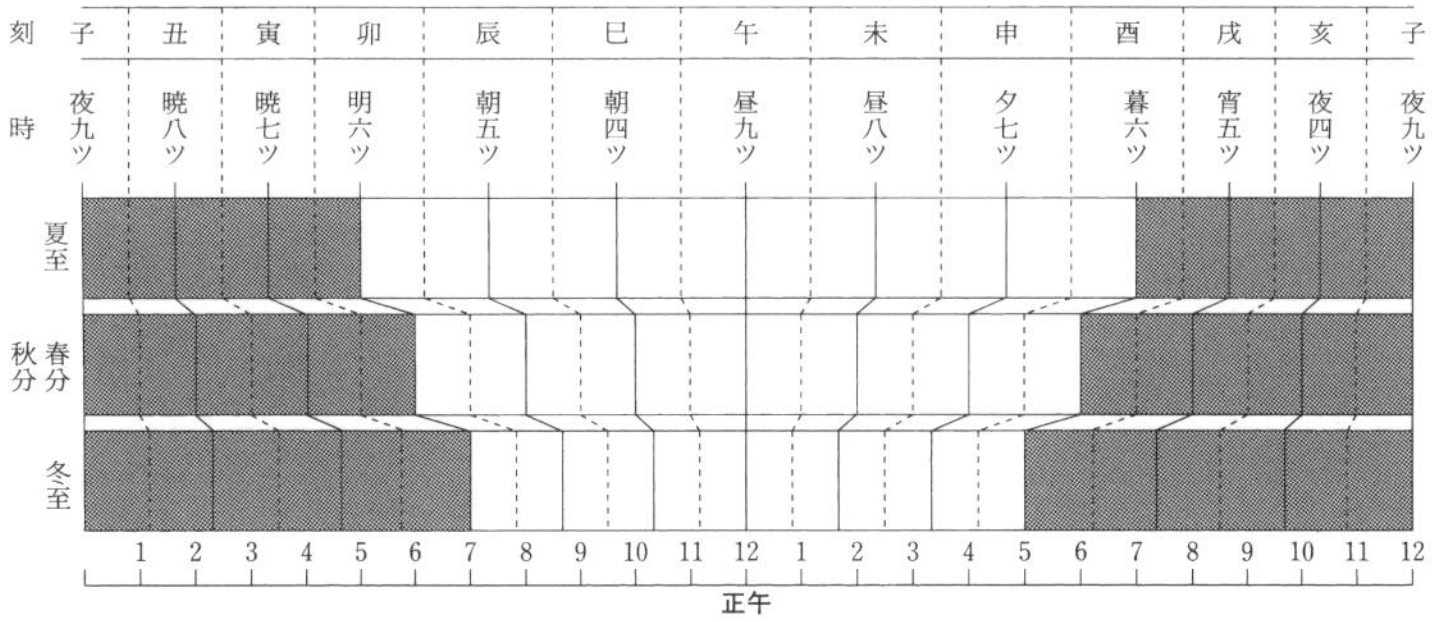

江戸時代には「定時法」のほかに「不定時法」が用いられていました。不定時法は、日の出と日没を境にして昼夜をそれぞれ六等分したものです。したがって、一時（一刻、いっとき）は、夏至の昼間では約 2.6 時間でしたが、冬至では約 1.8 時間でした。

二十四節気

農作業などのめやすを立てるために、一年を二十四等分した季節の標準点として設けたものです。

季節	節気	名称	新暦概算
春	正月節	立春	2月4日
	正月中	雨水《うすい》	2月19日
	二月節	啓蟄《けいちつ》	3月6日
	二月中	春分	3月21日
	三月節	清明	4月5日
	三月中	穀雨《こくう》	4月20日
夏	四月節	立夏	5月6日
	四月中	小満	5月21日
	五月節	芒種《ぼうしゅ》	6月6日
	五月中	夏至	6月21日
	六月節	小暑	7月7日
	六月中	大暑	7月23日
秋	七月節	立秋	8月8日
	七月中	処暑《しょしょ》	8月23日
	八月節	白露	9月8日
	八月中	秋分	9月23日
	九月節	寒露	10月8日
	九月中	霜降《そうこう》	10月23日
冬	十月節	立冬	11月7日
	十月中	小雪	11月22日
	十一月節	大雪	12月7日
	十一月中	冬至	12月22日
	十二月節	小寒	1月5日
	十二月中	大寒	1月20日

『古文書小字典』

《おすすめ　その10》（153ページ）

頭の中のくずし字の引き出しを増やす工夫をしよう

＊辞典を引きながら読めるくずし字の数を増やしていく方法を、いろいろお話してきました。

＊頭の中に引き出しがあると思って〝似たものグループ〟ごとにまとめてみるのも一案ですね。たとえば、

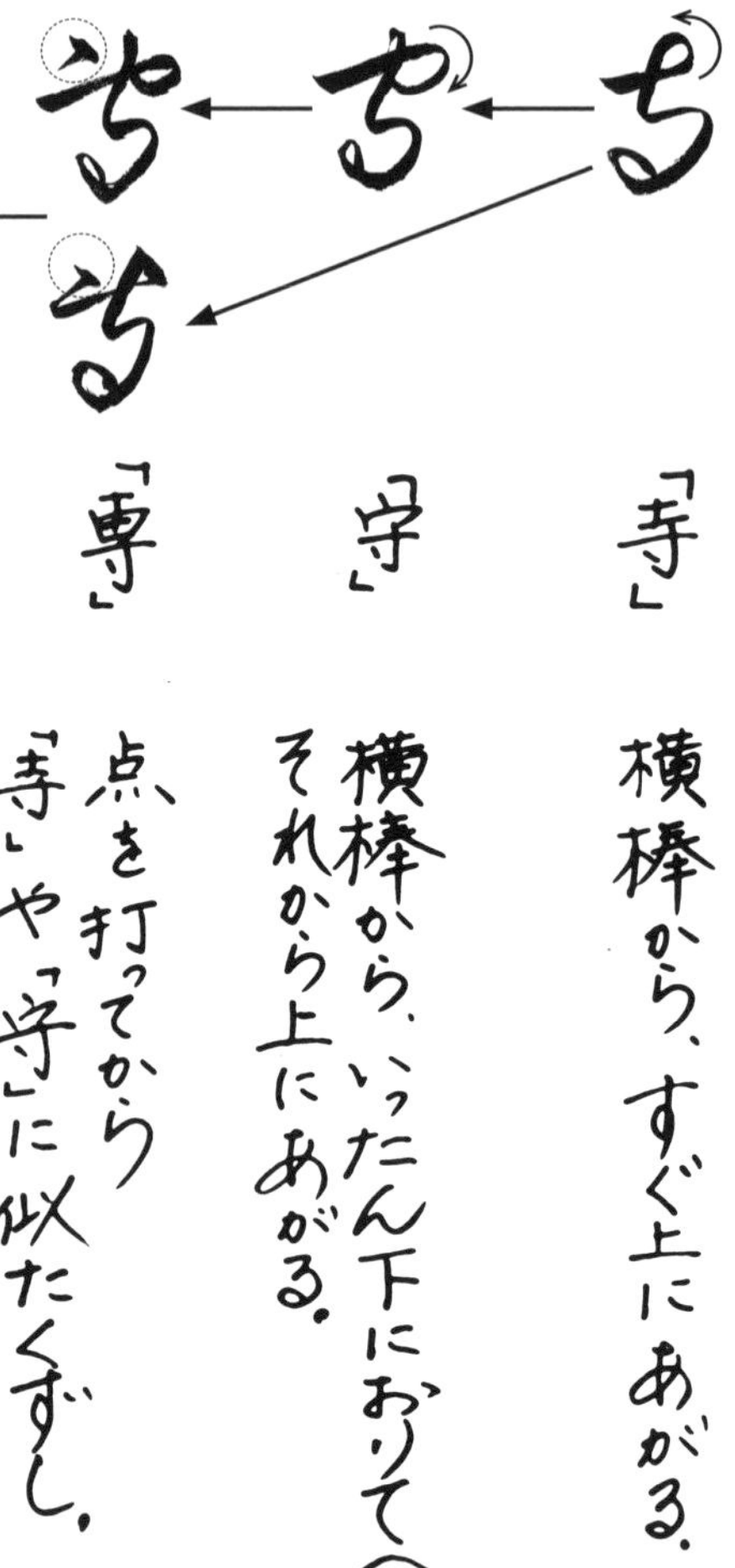
横棒から、すぐ上にあがる。
横棒から、いったん下におりて（うかんむり）
それから上にあがる。
点を打ってから
「寺」や「守」に似たくずし。

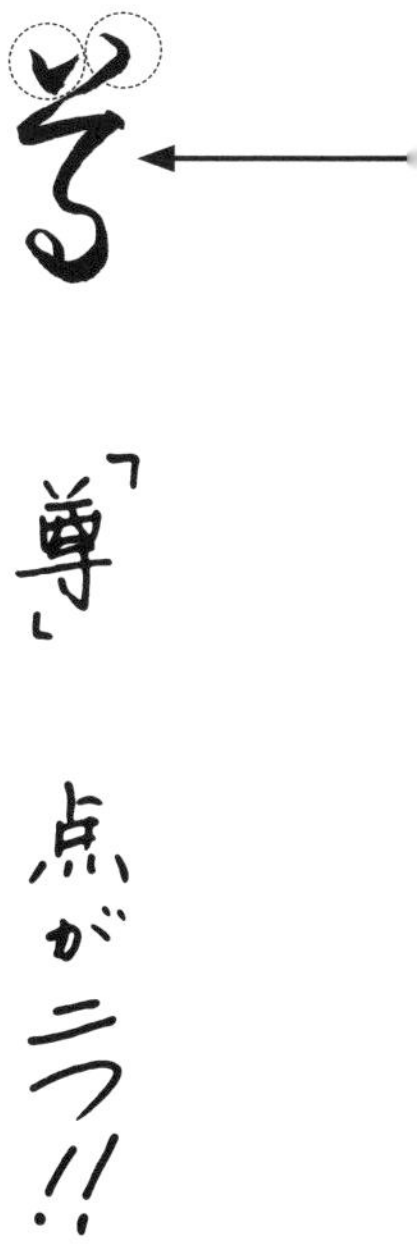

＊「寺」「守」「専」「尊」。前後の文意から判断するのが好ましいですが、この四つは、くずし字が似ているだけなく、使われかたとしても、文脈が近い古文書に出てくることが意外と多いです。

＊そんな時、右のようなちょっとした特徴や違いに気づけたら、うれしいですね。

＊そして、それをこのように書きながら言葉で表現してみたら、考えがまとまります。

＊人にはそう見えなくても、自分にそう見えたら、自信を持ってリストアップしましょう。同じグループにして頭の引き出しに入れておいてください。

＊古文書を学んでいるお仲間と、情報を交換しても面白いですね。

＊なるほどと楽しみながらくずし字を読み、興味深い古文書の世界を味わってください。

おわりに

〝今、この場で「くずし字辞典」を引いているように実感していただきたい〟との思いで、辞典の索引や本文のページをそのまま載せて、具体的な引きかたや活用方法をお話してきました。辞典がお手元にない方も、〝なるほど、「くずし字辞典」とはこういうものか〟と、イメージできたでしょうか。〝持っているけれど、うまく引けない〟〝使いこなせない〟〝探したい字が出てこない〟と思っていた方は、その歯がゆい思いが少し解消できたでしょうか。

- 部首こそが目のつけどころ。「部首別」の辞典で引ければ、効率的に調べられる。
- そのためには、そのくずし字のどの部分に注目したらよいかを見わけて、索引を使いこなしていくことが大切。
- 〝何が何だかわからない〟〝何をどうくずしてあるのか見当がつかない〟状態の時に、頼りになるのが「起筆順」の辞典。
- 「起筆順」を引く時には、「縦棒ではじまって、そこに横棒が交わる」などと、見えているくずし字を、自分の表現で〝言葉にして声に出しながら引く〟〝唱えながら探す〟のがおすすめ。

などとお話しながら、実際の古文書の中のくずし字と、「くずし字辞典」の中のくずし字を見比べながら、どれがその字か、どれが知りたい字かを探していく実践をしました。

〝辞典を引く〟だけでなく、「くずし字辞典」を〝練習問題〟や〝読み物〟として楽しむのも、くずし字や古文書と仲良くなる有効な手立てでしたね。

辞典というものは、とてもよくできたものですが、それと同時に〝辞典に完成はない〟。辞典は常に改訂中〟です。「くずし字辞典」を日々、自分仕様の辞典に変えていってください。

古文書を読んでいて、〝こんな「あめかんむり」もあるんだ〟と気づき、それと似たくずしが辞典に載っていないと思えたら、自分の手で書き加えていってください。それだけで、世界にたったひとつしかない〝自分の辞典〟になっていきます。

活字と違い、くずし字は、人によって見えかたが違うものです。初心者のころの自分と、読めるようになってきた時の自分でも、見えかたが違います。だからこそ、その時の自分に見えるがままに〝手元にある自分の辞典を、自由に進化させる〟ことを楽しんでください。そのことによって、くずし字を見る目も養われ、深く広い古文書の世界に入っていくことができます。

東京堂出版編集部の小代渉氏は古文書の専門家でもあり、力強く支えていただきました。市村繁和氏には、複雑なくずし字を正確に組み入れていただき、すてきな装丁もお願いできました。

本書の出版にあたりお力をいただいたすべての方々に心から感謝し、皆様のお手元に本書が届くのを楽しみにしています。

二〇一九年三月

油井　宏子

著者略歴

油井宏子（あぶらい・ひろこ）

1953年　千葉県市川市生まれ。
1972年　千葉県立千葉高等学校卒業。
1976年　東京女子大学文理学部史学科卒業。
船橋市、市川市の公立中学校教諭を経て、
1989年からNHK学園古文書講師。
近世史や古文書を学ぶ面白さを、全国各地の講座やシンポジウムで紹介。

おもな著書・監修・論文など
『江戸奉公人の心得帖――呉服商白木屋の日常』（新潮新書、2007年）
DVD版『油井宏子の楽しく読める古文書講座』全５巻（紀伊國屋書店・柏書房、2007年）
『手がかりをつかもう！古文書くずし字』（柏書房、2014年）
『古文書くずし字　見わけかたの極意』（柏書房、2013年）
『絵で学ぶ古文書講座――漂流民と異国船との出会い』（柏書房、2011年）
『そうだったのか江戸時代――古文書が語る意外な真実』（柏書房、2010年）
『江戸時代＆古文書 虎の巻』（柏書房、2009年）
『古文書はじめの一歩』（柏書房、2008年）
『江戸が大好きになる古文書』（柏書房、2007年）
『古文書はこんなに魅力的』（柏書房、2006年）
『古文書はこんなに面白い』（柏書房、2005年）
『古文書検定 入門編』（柏書房、2005年）
「銚子醤油醸造業における雇傭労働」（『論集きんせい』第４号、東京大学近世史研究会、1980年）
「醤油」（『講座・日本技術の社会史』第１巻 農業・農産加工、日本評論社、1983年）
『国史大辞典』（吉川弘文館）に「銚子醤油」など４項目執筆。

くずし字辞典《じじてん》を引《ひ》いて古文書《こもんじょ》を読《よ》もう

2019年４月20日　初版発行
2024年４月10日　再版発行

著　者　　油井宏子
発行者　　金田　功
発行所　　株式会社 東京堂出版
〒101-0051　東京都千代田区神田神保町１-17
電話　03-3233-3741
http://www.tokyodoshuppan.com/

装丁・組版　　市村繁和［アイメディア］
印刷・製本　　中央精版印刷株式会社

ISBN978-4-490-21006-4 C1021